U0875442

全国中等职业技术学校汽车类专业教材

汽 车 美 容

人力资源和社会保障部教材办公室组织编写

中国劳动社会保障出版社

简介

本书的主要内容包括：初识汽车美容、汽车清洗、汽车护理、汽车车身外部装饰、汽车内室装饰、汽车电子设备安装等。

本书由祖国海主编，潘艳华、海洋、戴红、珠娜、杨旭、张树玲参加编写，王浩宇主审。

图书在版编目(CIP)数据

汽车美容/祖国海主编. —北京：中国劳动社会保障出版社，2014

全国中等职业技术学校汽车类专业教材

ISBN 978-7-5167-1047-0

Ⅰ.①汽… Ⅱ.①祖… Ⅲ.①汽车-车辆保养-中等专业学校-教材 Ⅳ.①U472

中国版本图书馆 CIP 数据核字(2014)第 131440 号

中国劳动社会保障出版社出版发行

（北京市惠新东街 1 号 邮政编码：100029）

*

北京市艺辉印刷有限公司印刷装订 新华书店经销

787 毫米×1092 毫米 16 开本 9.5 印张 210 千字

2014 年 6 月第 1 版 2020 年12月第11次印刷

定价：19.00 元

读者服务部电话：（010）64929211/84209101/64921644

营销中心电话：（010）64962347

出版社网址：http://www.class.com.cn

http://zyjy.class.com.cn

版权专有 侵权必究

如有印装差错，请与本社联系调换：（010）81211666

我社将与版权执法机关配合，大力打击盗印、销售和使用盗版图书活动，敬请广大读者协助举报，经查实将给予举报者奖励。

举报电话：（010）64954652

前　言

为了更好地适应中等职业技术学校汽车类专业教学要求，全面提升教学质量，人力资源和社会保障部教材办公室组织有关学校的骨干教师和行业、企业专家，在充分调研企业生产和学校教学情况、广泛听取教材用户反馈意见的基础上，对全国中等职业技术学校汽车类专业教材进行了修订和补充开发。

本次教材修订和补充开发工作的重点主要体现在以下几个方面：

第一，完善教材体系，更好地满足教学需求。

结合职业院校汽车类专业设置和办学特点，调整并完善了教材体系，与专业通用基础教材相衔接，开发了汽车维修、汽车电器维修、汽车钣金与美容、汽车检测、汽车营销等专业方向教材，构建了“通用基础平台＋不同专业方向平台”的教材体系。此外，还针对学校对电控技术、车载网络技术、新能源汽车等高新技术的教学需求，开发了相应的教材。

第二，反映技术发展，适应岗位职业能力需求变化。

随着汽车制造水平的不断提高，汽车维修的内容和工艺发生了相应变化；伴随着私家车保有量的不断增长，汽车营销、汽车美容等相关从业人员的职业能力要求也在发生相应变化。因此，本次修订工作注重在教材中增加新知识、新技术、新材料、新工艺等方面的内容，体现教材的先进性。同时，根据中级工从事相关岗位工作的实际需要，合理确定学习目标，对教材内容的深度、难度做了适当调整，同时注重综合职业能力的培养。

第三，融入先进教学理念，创新教材表现形式。

专业通用基础教材的编写以汽车及其零部件为载体，充分体现专业特色；专业方向教材的编写根据学校教学实际，充分体现一体化教学思路，增加了实训内容在教材中的比重。为了增强教材的表现效果，提高学生的学习兴趣，教材中使用了大量高质量的实物图片，部分教材采用双色或彩色印刷。

第四，开发辅助产品，提供教学服务。

为了方便教学，配套开发了习题册、教学参考书和电子课件。电子课件可通过中国人力资源和社会保障出版集团网站（http：//www.class.com.cn）免费下载。

本次教材修订工作得到了河北、江苏、浙江、山东、山西、广东、广西、陕西等省、自治区人力资源和社会保障厅及有关学校的大力支持，在此表示诚挚的谢意。

人力资源和社会保障部教材办公室

2012 年 7 月

目　录

单元一　初识汽车美容

课题 1　汽车专业美容企业调研

学习目标

1. 了解汽车美容的含义。
2. 了解汽车美容的分类。
3. 掌握汽车专业美容的内容。
4. 能通过调研，描述出汽车进行专业美容的目的和意义。

任务准备

一、汽车美容的含义

汽车美容是一个全新概念，指根据汽车各部位的不同材质及美容机理，采用针对性的专业美容用品和专业工具设备，按照一定的操作工艺，由表及里对汽车进行细致的养护、修复和翻新，从而实现“旧车变新，新车保值，延寿增益”的功效。它不仅包括汽车清洗、除渍、除臭、吸尘等常规美容护理，还包括打蜡、封釉、镀膜、划痕漆面处理、底盘装甲、漆面局部喷涂和全车翻新处理等一系列汽车专业美容护理。

由此可见，汽车美容具有系统性、规范性和专业性。所谓系统性就是根据汽车的自身特点，由表及里进行全面而细致的养护；所谓规范性就是每一道工序都有标准而规范的技术要求；所谓专业性就是严格地按照工艺要求采用专用工具、专用产品和专用技术手段进行操作。

在当今时代，汽车美容如同人类的美容，有“养颜益寿”的作用，而且也是一种投资。由于汽车工业的发展，以及人们对个性化、时尚的追求，汽车的款式更新速度非常快，而汽车的款式、性能以及整洁程度，都体现出车主的性格、价值观和喜好。因此，许多车主都想让自己的汽车看起来漂亮，用起来舒服。汽车经过有效的美容装饰，可以提高其使用价值，创造一个良好的使用氛围。

知识扩展

“汽车美容”一词，在西方国家最早被称为“汽车护理”，这样的定义与实际的工作内容更为贴切。汽车美容的说法在我国最先出现于1994年，如今已被人们广泛接受。汽车美容企业以各种称谓遍布全国各地，如：汽车美容中心、汽车清洗中心、汽车美容养护中心、汽车养护坊、爱车之家等。

总之，现代汽车美容是在继承传统汽车美容的基础上，完善和发展起来的高科技汽车护理。它依托于汽车传统美容，但在新材料、新技术等领域又让传统汽车美容黯然失色。

二、汽车美容的分类

1. 根据作业性质分类

01 护理性美容

保持车身漆面和内室件表面亮丽，延缓其性能减退而进行的美容作业，主要包括新车开蜡，汽车清洗，漆面研磨、抛光、还原、上蜡增艳处理，内饰护理及汽车防护等。

02 修复性美容

车身漆面或内室件出现某种缺陷后所进行的恢复性美容作业，其缺陷主要有漆膜病态、漆面划痕、斑点及内室件表面破损等。根据缺陷的范围和程度不同，分别进行表面处理、局部修补、整车翻新及内室件修补更换等美容作业。

2. 根据汽车服务部位分类

01 车表美容

车表美容主要包括高压洗车，除锈，去除沥青、焦油等污物，上蜡增艳与镜面处理，新车开蜡，钢圈、轮胎、保险杠翻新等项目。经常洗车可以清除车表尘土、酸雨、沥青等污物，防止漆面及其他车身部件受到腐蚀和损害。适时打蜡、镀膜、封釉不但能给车身带来光彩亮丽的外观，而且可以防紫外线、防酸雨、抗高温及防静电。

02

漆面美容

漆面美容分为护理性漆面美容与修复性漆面美容。前者包括漆面轻度失光处理、中浅划痕处理；后者包括漆面深划痕处理、漆面局部喷涂及整车喷漆等。

03

车饰美容

车饰美容包括内饰美容、外饰美容及发动机底盘美容三部分。内饰美容可分车室美容、行李箱清洁等项目，车室美容包括仪表台、顶棚、地毯、脚垫、座椅、座套、车门内饰的吸尘清洁，以及高温蒸汽杀菌、冷暖风口除臭、室内空气净化等。外饰美容包括车窗玻璃、车灯、后视镜、保险杠、车轮、裙边等外饰件的清洁与护理。发动机底盘美容包括发动机清洁、喷上光保护剂及底盘装甲等。

04

汽车防护

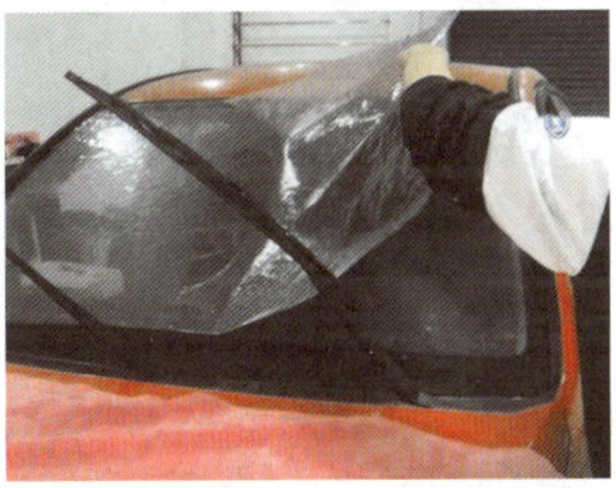

汽车防护的项目包括车窗贴膜、安装防盗器、安装倒车雷达等。汽车防护不但对汽车的美观不产生直接影响，而且能很好地保护车辆。

05

汽车精品

汽车精品是汽车美容的点睛之处，也是一种汽车文化的体现。它致力于把汽车营造成一个流动的生活空间，包括车用香品装饰、座椅改装等。

3. 根据汽车实际美容程度分类

01

一般美容

一般美容就是人们常说的“洗车、打蜡”。一般美容是将汽车表面上的污物、尘土洗去，然后打蜡，增加车身表面的光亮度，起到初步美容的作用。

这种方法操作简单，通常是一两个人、一桶水、一条毛巾就

可完成的“汽车美容”。这种操作往往清洗不彻底，还会把漆膜划伤，使漆面出现细微的划痕；水洗后擦拭不彻底，有的部位留有水渍，完工后水分蒸发会留下水痕，影响表面光泽；在车身的门缝、窗边等凹槽处，因无法擦干会出现水汽，对机件产生腐蚀作用，使车身受损。由于上述原因，应避免采用这种汽车美容方法。

02 专业美容

专业美容不仅包括对汽车的清洗、打蜡，而且更主要的是根据汽车实际需要进行维护，主要包括对汽车护理用品的正确选择与使用、汽车漆膜的护理（例如对各类漆膜缺陷的处理、划痕的修复等）、汽车装饰、精品装饰等内容。专业美容是一项非常复杂的系统工程。

一般来说，专业美容是通过先进的设备和专用汽车美容用品，经过几十道工序，对车身、内室、发动机、轮辋、轮胎、底盘、保险杠、油路、电路等各部位，所进行的彻底清洗和维护，使旧车面貌变新，并保持一定的时间。

03 自助美容

自助美容是车主自己动手对汽车进行清洁和养护。在汽车的日常使用中，如果只用不养，就容易加速汽车的磨损和老化；如果进行专业美容，虽然能护理周到，但花费不小。其实，最经济、最简捷的美容方法就是自助美容。当然，这必须是在自己力所能及的范围之内。

想一想

说出自助美容和专业美容的应用场合。选择时应主要考虑哪些因素?

三、汽车专业美容

1. 汽车专业美容的主要工作内容

(1) 汽车清洗

1) 汽车外表清洗

2) 汽车内饰清洗

(2) 汽车护理

1) 汽车打蜡

2) 汽车封釉

3) 汽车镀膜

4) 发动机室清洁护理

5) 外饰件美容护理

(3) 汽车车身外部装饰

1) 汽车贴膜

2) 底盘装甲

3) 车身美术字与图案

4) 车身贴饰、扰流板装饰、旗杆灯等装饰

(4) 汽车内室装饰

1) 犀牛皮的粘贴

2) 加热垫的安装

3) 坐垫与枕垫的选择

4) 香品装饰

5) 氧吧、置物袋、安全带套、操纵杆套、方向盘套等装饰

(5) 汽车电子设备安装

1) 倒车雷达的安装

2) 防盗器的安装

3) GPS 导航仪的安装

4) 音响选装

2. 汽车专业美容后达到的效果

(1) 车身漆膜应达到艳丽的新车效果,并能长久保持;应具有防静电、防酸雨、防紫外线的“三防”功能。

（2）发动机的清洗翻新，可使发动机表面形成光亮的保护膜并可长久保持；发动机系统经过免拆清洗后，可提高整个系统的性能，并延长使用寿命。

（3）车窗玻璃的修复抛光，可使开裂发乌的玻璃变得清晰明亮，完好如初。

（4）轮毂、轮胎经美容护理后，应具有艳丽的光泽，并延长使用寿命。

（5）室内、后备箱等处经美容护理后，应更显清洁和美观。

（6）车辆金属裸露部分经除锈、防锈处理后，应具有金属光泽，不再生锈，并延长使用寿命。

3. 开设汽车专业美容企业的基本条件

一家汽车专业美容企业要进行全面的汽车美容养护，必须具备如下条件：

（1）应有专用的汽车美容操作工作室，工作室应与外界隔离，并设有专门的漆膜维修处理工作室、干燥室、清洗室、美容护理室，而且相互不干扰。

（2）各工作室配备相应的专用设备、工具及能源，可供施工使用。

（3）所有的施工人员和技术人员，必须经过专业技术培训，取得上岗证书后方可进行施工操作。

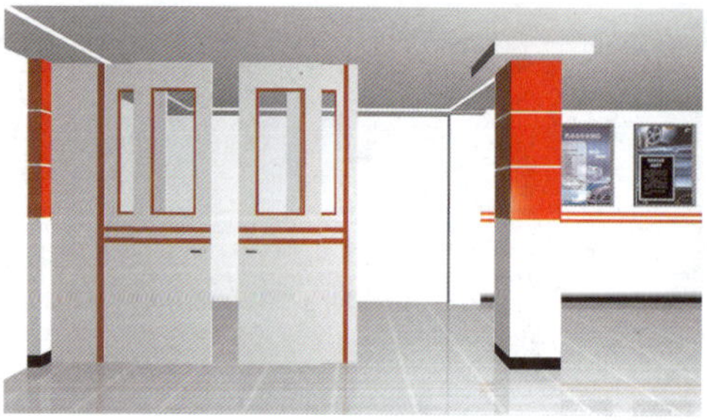

（4）汽车美容用品及有关材料必须是正规厂家生产的合格品，而且应是配套使用的相关产品。

（5）有必要的售后服务保障。售后服务是对专业美容的补充，是专业美容的延续，可保证当出现一些质量问题后，能及时有效地进行补救处理，既可在消费者心目中树立企业的良好服务形象，又是对消费者权益的保障。

任务实施

参观汽车专业美容企业，完成下列报告：

序号	任务内容	报　告
1	主要工作内容	
2	主要工具和设备	
3	施工作业流程	

课题 2　汽车美容企业开设情况调研

学习目标

1. 了解我国汽车美容业的现状和发展方向。
2. 掌握汽车美容的依据和护理原则。
3. 能通过调研，撰写当地汽车美容业的发展状况报告。

任务准备

一、我国汽车美容业的现状和发展方向

1. 现状

目前，我国汽车保有量飞速提高，逐渐成为世界汽车消费大国。巨大的汽车保有量为汽车美容业提供了广阔的市场，其社会效益和经济效益十分显著。

然而，我国当前的汽车美容业存在专业技术水平参差不齐且不规范的问题。一些路边的擦车族依然使用洗衣粉、洗涤灵清洗车辆，同时一桶桶脏水污染着城市环境。市场上充斥着一些东拼西凑的汽车美容用品，并被一些不法厂家以巧妙的伪装和华丽的广告宣传，甚至打着进口专业品牌的旗号，用假冒伪劣产品来坑骗广大车主。因此，规范汽车美容业市场、普及汽车美容知识、加强对汽车美容专业人员的培养势在必行。

讨论

通过调研，谈谈你所在城市汽车美容业的现状，以及有哪些可以进行改善的方面。

2. 发展方向

汽车美容业作为朝阳行业，有着广阔的发展空间。汽车在家庭中越普及，汽车文化的外延也越广泛，作为汽车文化的重要组成部分，汽车美容也会越流行。随着我国国民经济的持续高速发展，作为国民经济支柱产业的汽车工业已进入到飞速发展时期。汽车美容异军突起，将带动汽车产业的良性发展，创造出巨大的就业机会。不断增长的汽车保有量，也为汽车美容业提供了广阔的发展空间。

汽车美容业将向集中化经营方向发展，引进先进的经营理念和操作设备，向更加专业化转变。

二、汽车美容的依据和护理原则

1. 汽车美容的依据

汽车美容应根据车型、车况、环境及季节等因素，有针对性、合理地安排美容作业的时机及项目。

01 车型

汽车美容项目、内容及使用的用品不同，其价位也不一样。对汽车进行美容不仅要考虑到工艺的难度和效果，同时也要考虑费用问题。因此，不同档次的汽车所实施的美容作业及使用的美容用品应有所不同。对于高档车应主要考虑美容的效果，而对于一般汽车只要进行一般的美容作业即可。

02 车况

汽车美容作业应以汽车车膜及其他物面的实际状况为出发点，制订工艺路线有针对性地进行美容作业。车主应经常对汽车表面进行检查，发现异常现象要及时处理。如车漆表面出现裂痕，尤其是较深的划痕，若处理不及时导致金属锈蚀，会增大处理难度。

03 环境

汽车行驶的地域和道路不同，对汽车进行美容的周期和项目也不同。如汽车经常在污染较重的工业区使用，应缩短汽车清洗周期，经常检查漆面有无污染色素沉着，并采取积极预防措施；如汽车在沿海地区使用，由于当地空气潮湿，且空气中含盐分较多，一旦漆面出现划痕应立即采取治理措施，否则很快就会造成内部金属锈蚀；如汽车在西北地区使用，由于当地风沙较大，漆面易失去光泽，应缩短抛光、打蜡的周期。

04 季节

不同季节中气温和气候的变化，对汽车表面及室内具有不同的影响。如汽车在夏季使用时，由于高温漆膜易老化；在冬季使用时，由于严寒漆膜易冻裂。因此，应进行必要的预防护理作业。另外，冬夏两季车内经常使用空调，车窗紧闭，车内易出现异味，应定期进行杀菌和除臭作业。

2. 汽车美容的护理原则

01 预防与治理相结合

汽车美容以预防为主，即在汽车漆膜及其他表面出现损伤之前进行必要的维护作业，预防发生损伤。一旦出现损伤应及时进行治理，恢复原来状况。汽车美容应坚持预防与治理相结合的原则。

02 车主护理与专业护理相结合

汽车美容中的很多项目属于日常性的维护作业，如除尘、清洗、擦车、检查等，几乎要天天进行。这些简单的护理作业，只要车主掌握了一定的汽车美容知识，完全可以自己完成。但定期到专业汽车美容场所进行美容也是必不可少的，因为还有很多美容项目是车主无法完成的。尤其是汽车漆面、室内或其他表面出现某些问题时，必须进行专业护理。为此，车主护理一定要与专业护理相结合，才能将车护理得更好。

03 单项护理与全套护理相结合

汽车美容作业应有针对性地选择项目和内容，进行某些单项护理就能解决问题的不必进行全套护理，这样不仅是为了节省费用，同时也是对汽车本身的保护。例如，汽车漆膜的厚度是一定的，如果每次汽车漆面美容都进行全套的研磨、抛光、打蜡，那么漆膜很快会变薄，当磨至露底色漆时，就必须进行重新喷漆，这就得不偿失了。当然在需要时对汽车进行全面护理也是必要的，关键是要根据不同情况区别对待。

04 局部护理与全车护理相结合

汽车漆膜局部出现损伤时，只要对局部进行处理即可，只有在全车漆膜绝大部分出现损伤时，才会进行全车漆膜处理。在实际工作中应根据需要决定护理的面积，只需局部护理的不要扩大到整块板，只需整块护理的不要扩大到全车。

任务实施

调研本地区汽车美容企业的开设情况，完成下列报告。

序号	任务内容	报　告
1	专业美容企业数量	
2	非专业美容企业数量	
3	开设专业美容企业费用	
4	专业美容企业 年度营业额	

单元二　汽 车 清 洗

课题 1　汽车外清洗

学习目标

1. 了解汽车外清洗用品。
2. 掌握汽车外清洗剂的类型和用途。
3. 掌握汽车外清洗工具及设备的使用方法。
4. 掌握汽车外清洗的工作流程。
5. 能够规范进行汽车外清洗。

任务准备

一、汽车外清洗用品

汽车外清洗作业时，由于汽车表面各部位材料质地、形状的不同，应该选用合适的清洗用品。常用的外清洗用品有海绵、毛巾、麂皮、板刷等。

名称	图示	说明
海绵		具有柔软、弹性好、吸水性强和较好的藏尘能力等特点，有利于保护漆面及提高作业效率。清洗汽车时能使沙粒或尘土很容易深藏于海绵的气孔之内，避免因擦洗工具过硬或不能包容泥沙而给车身表面造成划痕。使用前，让海绵吸入适量已经配好的洗车液，这样可利于清除车漆上附着力较强的污垢
毛巾		人工清洗和擦拭汽车不可缺少的工具。专业美容需准备多块毛巾，包括大毛巾、小毛巾、湿毛巾、半湿毛巾和干毛巾等。大毛巾主要用于车身表面的手工清洗和擦拭，小毛巾主要用于擦洗车身凹槽、门边及内饰部件等处的污垢，湿毛巾、半湿毛巾和干毛巾在清洗、擦拭车窗玻璃时应配合使用

续表

名称	图示	说明
麂皮	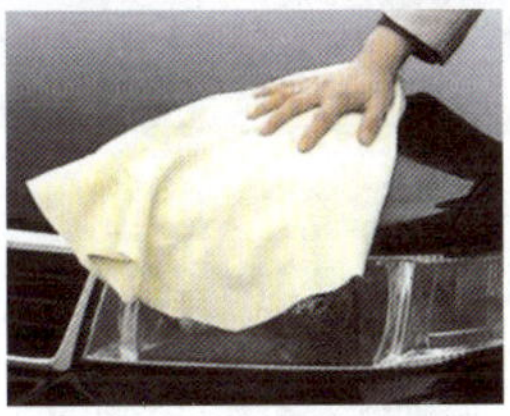	主要用于车身打蜡后抛出光泽。麂皮的主要特性是质地柔软，有利于保护漆面，具有良好的吸水能力，尤其是对车身表面及玻璃水膜的清除效果极佳
洗车手套		用于擦拭车身，它既可穿戴在手上便于操作，又可利用手套上的绒毛容纳灰尘，因而可避免划伤漆面
喷水壶		手工清洗内饰、粘贴车窗太阳膜的必备工具
板刷	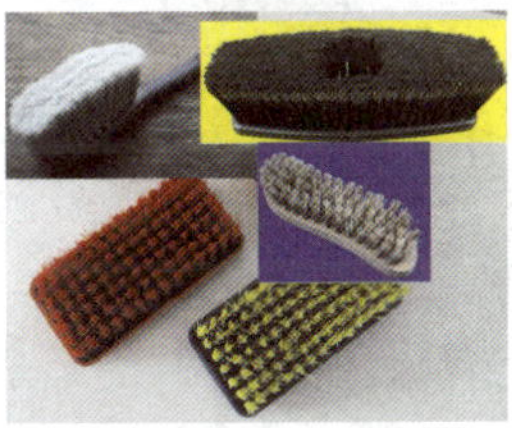	主要用于清除轮胎、挡泥板等处附着的泥土和污垢。板刷选用鬃毛板刷最好，其不但具有较好的韧性和耐磨性，还可以减轻刷洗作业对橡胶、塑料件产生的磨损 提示：不提倡使用塑料纤维板刷
附件		附件包括水桶、工作围裙、防水鞋和软胶管等常用辅助件

操作提示

海绵是洗车工具中比较有代表性的。海绵的用处非常大，根据用途不同，海绵的形状各异，应尽量选择质量好的海绵。好的海绵可以反复使用。

海绵使用完毕后，要用水充分洗净，注意不要有脏物或灰尘残留，然后使其阴干。海绵干燥后，最好用布等将其包起来保存，以避免灰尘附着。一旦有沙粒等东西附着，下次使用时会划伤车身，所以在使用之前要用水将其充分洗净。

> 不间断地用一块抹布洗车时，将其放在装有水的桶中浸泡一下比较好。如果不经常洗车，可以将其充分洗净阴干，放在不会沾到灰尘的地方保存。抹布和鹿皮等工具重复使用会逐渐变硬，在使用前最好用含有柔软剂的清洗剂清洗一下。

二、汽车外清洗剂

1. 汽车表面污垢的类型

一类为水溶性污垢，主要包括泥土、砂粒、灰尘等；另一类是水不溶性污垢，主要包括炭烟、矿物油、油脂、胶质物、铁锈、废气凝结物等。

前者污垢能溶于水中，因此很容易用水将其冲洗掉，可用水溶性清洗剂清洗。后者污垢不溶于水，一般应用有机清洗剂清洗。

2. 汽车清洗剂的种类

汽车的污垢多种多样，为对症下药地清除污垢，不同材料要采用不同的清洗用品。使用时应根据清洗剂的种类、特性及功能等合理选择。

汽车清洗剂按去污垢机理可分为三大类，分别是多功能清洗剂、去油剂、溶剂。

(1) 多功能清洗剂

此类清洗剂的特性是能去除一般性污垢和其他污染，起清洁作用。所谓多功能是指应用范围较广，功能多，此清洗剂还具有增亮、柔顺、杀菌、防静电、抗老化等作用。

目前市场上的多功能清洗剂产品很多，其功能、作用也不尽相同。概括起来，大致有如下几种：

名称	图示	说明
二合一清洗剂	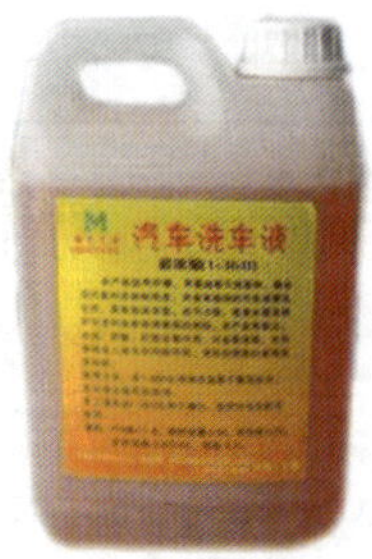	“二合一”即清洁、护理合二为一，既有清洗功能，又有上蜡功效，同时满足快速清洗与打蜡的要求，所以又被称为上光洗车液。此产品主要由多种表面活性剂配制而成，上蜡成分是一种具有独特配方的水蜡，可以在清洗作业中在漆面形成一层蜡膜，增加车身鲜艳程度，有效保护车漆 二合一清洗剂适用于车身比较干净的汽车，洗车后直接用毛巾擦干，再用无纺棉轻轻抛光。在封釉处理中，抛光之后用二合一清洗剂清洗，使车身上涂上一层薄薄的蜡，这样封釉效果更好

续表

名称	图示	说明
香波类清洗剂		此类清洗剂主要有洗车香波及清洁香波等品种，pH 值为 7.0 左右，具有性质温和、不破坏蜡膜、不腐蚀漆面、液体浓缩、泡沫丰富、使用成本低等特点。香波类清洗剂含有表面活性剂，具有很强的分解能力，能有效去除车身表面的尘土和油污等污垢。有的产品含有阳离子表面活性剂成分，能去除车身携带的静电和防止交通膜的形成。香波类清洗剂常作为高压泡沫清洗剂使用，应用比较广泛
脱蜡清洗剂		此类清洗剂含柔和性溶剂，具有较强的溶解功能。其不仅可以去除车身油垢，而且能把以前的蜡洗掉。它主要应用于新车开蜡和旧车重新打蜡前的车身除蜡清洗
高级清洗剂		也称环保型清洗剂，主要成分为天然原料，对环境无污染并具有特殊的清洗效果。环保型清洗剂价格略高，适合高档轿车使用
专用清洗剂		黏附在车身的沥青、焦油、鸟粪、交通膜等污物必须及时去除，否则对车漆腐蚀性很强，特别是鸟粪。但香波类清洗剂一般难以彻底去除，须用专用清洗剂，清洗时应根据污物的种类选用适合的专用清洗剂 焦油沥青清洗剂：该清洗剂具有很强的乳化分解能力，通过软化功能可去除附着在车体和镀铬表面的焦油、沥青等污垢，具有品质温和，对漆面、塑胶无腐蚀等特点 树脂清洗剂：该清洗剂具有特有的软化功能，使鸟粪、树胶与漆面“脱离”，最大限度地防止对车漆造成伤害
电脑洗车机用香波		分为高泡香波型与上蜡香波型两种。前者 pH 值为 7.0，呈中性，是一种超浓缩剂，具有强力清洗功能，丰富的泡沫起到较好的润滑作用，可有效延长设备的使用寿命。后者作为电脑洗车最后工序使用，不仅可加快汽车表面水的干燥过程，并且清洗之后无任何斑点，在汽车漆面留下一层光亮的蜡膜

知识链接

交通膜：车漆在使用过程中与空气摩擦产生了静电，并吸附灰尘和有害气体等，使车漆氧化而形成的一层氧化层，这层氧化层就是交通膜。

（2）去油剂

去油剂又称油脂清洗剂，其突出特点是去油功能强，是专门清洗油污较重部位的清洗剂，主要用于发动机、轮毂等油污较重部位的清洗。按使用部位不同，具体产品分类如下：

名称	图示	说明
发动机表面清洗剂		有两种，一种以煤油为基础材料，属生物不可降解型，去油功能强，但对环境有害，用后的废液应妥善处理。另外，该产品易燃，应在发动机冷却后使用 另一种以天然植物提取的原料为基础材料，属生物降解型，去油功能强，对环境无污染，且对漆面、橡胶及塑料无腐蚀，是理想的发动机清洗剂
轮毂清洗剂	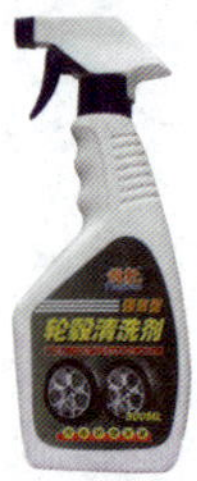	清洗功能极强，将其喷到轮毂表面后，油泥自动下流，只需用布轻轻擦干即可恢复金属或塑料的原有光泽。一般轮毂清洗剂都属酸性物质，容易腐蚀轮毂的金属层；也有的清洗剂不含酸性物质
玻璃清洗剂		属柔和型水质去油去垢剂，主要用于清除玻璃上积淀的白色雾状膜（即各种内饰清洗剂、清新剂以及烟等造成的静电油脂），也可有效地去除油污、尘土等；含挥发剂，用后很快风干。因为其是水质清洗剂，也可用于电镀件、内饰（地毯、座椅）等的清洗
轮胎清洗剂		属强碱性清洗剂，可清除轮胎上的油污及其他污渍

想一想

1. 洗车时最好使用含矿物质较多的硬水，以免车身干燥后留下痕迹，对吗？
2. 家庭所用的洗涤剂能否用于清洗汽车？为什么？

(3) 溶剂

溶解清洗剂简称“溶剂”，是一类溶解功能很强的清洗剂，能清除车身上的焦油、沥青、鸟粪、树胶、漆点等水不溶性污垢。前面所说的开蜡水也属于溶解型清洗剂。车身表面的蜡有两种，一种是油脂蜡，另一种是树脂蜡。两种蜡的性质不同，脱蜡时就要选择不同的脱蜡清洗剂。

1）油脂开蜡水　油脂开蜡水是生物降解型的，对环境无污染，主要原料是从橙皮中提取的，不用稀释直接使用。

2）树脂开蜡水　树脂开蜡水含有一种树脂聚合物，能溶解树脂蜡。这种产品需要稀释使用，而且最好用热水稀释，因为其中的表面活性剂在加热的情况下效果最佳。此产品无腐蚀，比较安全。

溶剂中还有一种产品是污垢软化剂，属于柔和型溶剂，主要用来软化车体上变硬的污物，如沥青、鸟粪、漆点等。有的车上变硬的油脂蜡，一般开蜡水洗不掉时，可用此产品浸泡 5 min 后用布擦掉。

三、汽车外清洗设备

1. 吹尘枪

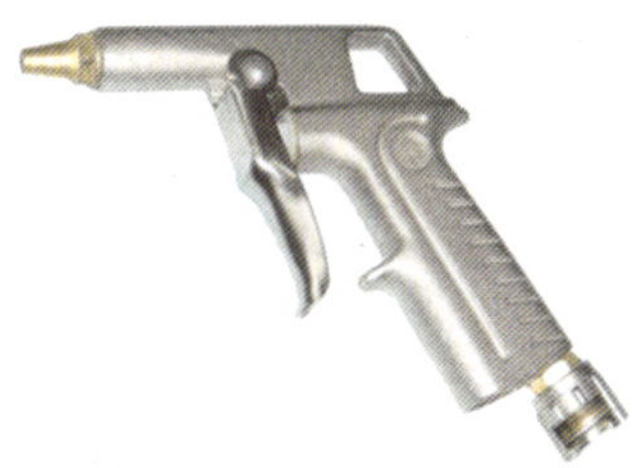

吹尘枪与空气压缩机连接，主要用于汽车外清洗时吹除车身表面上的尘土。

2. 高压水枪

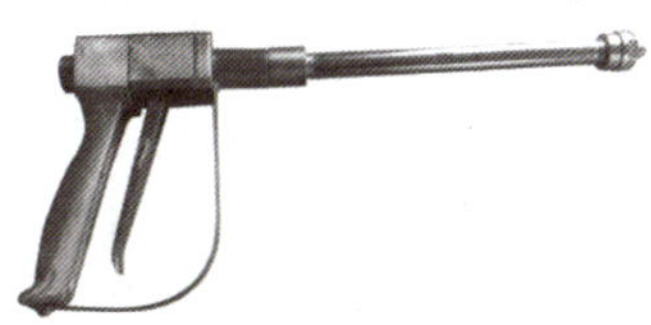

高压水枪的压力和流量可以通过高压水枪前端的调节螺母来调节。高压水枪可以对汽车进行快速冲洗，特别是能够冲洗掉车身底盘的污泥粘着物。

3. 空气压缩机

空气压缩机主要由压缩机、储气罐和电动机等主要部件组成，提供给喷枪、泡沫清洗机、废油抽吸机等设备足够的高压气体。

空气压缩机、输送管路、空气清洁器及控制阀等组成压缩空气系统。

具体使用方法：

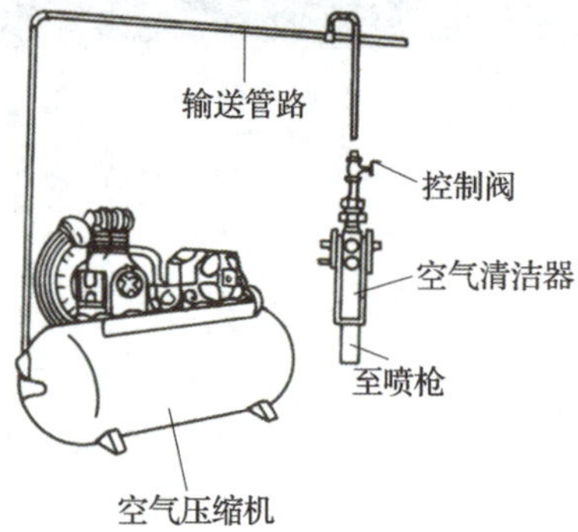

(1) 先插好电源，开启起动开关，空气压缩机就会自行运转。

(2) 当储气罐内空气压力达到一定标准，压缩机就会自行停止运转，压力减少后又会自动启动。

注意：使用空气压缩机时，特别注意不要让水把电动机打湿，且要随时检查缸内机油存量，否则，将使压缩机因缺油润滑而造成拉缸。

4. 泡沫清洗机

泡沫清洗机是汽车美容清洁的必备设备之一，它输出的水不但可以增压，而且通过加入专用的清洗剂，再通过压缩空气（由压缩机提供）使清洗剂泡沫化并从泡沫喷枪喷出，能将泡沫状的清洗液均匀地涂敷于车身表面，浓稠的泡沫容易捕集污垢粒子，使油污溶解于泡沫的外表，减少了油污的沉积，所以去污能力极强，并且使清洗剂发挥了最大的效用，经济效益明显提高。泡沫清洗机种类较多，分为气动和电动两类，目前市场以气动为主。

具体使用方法：

(1) 打开加水阀和排气阀，加入清水，以水柱标高为准，然后按比例加入清洗剂。

(2) 将加水阀和排气阀关好，然后用快速接头连接空气压缩机，再将工作气压调至 245 kPa（压力开关顺时针为增加压力，逆时针为减小压力）。

(3) 以上工作就绪后，开动空气压缩机，当压力升至 245 kPa 时，打开喷枪阀开关，即可喷射出泡沫。喷射距离为 5～7 m，喷射距离可通过压力来调节。

5. 冷水高压清洗机

冷水高压清洗机主要由电动机、水泵、管路、喷枪等组成。电动机通过弹性联轴节直接连接水泵。水泵出水口经胶管与喷枪相连，通过喷枪的尾部可以调节出水流的形状，常有的为柱状和雾状两种。柱状水流冲击力强，可以除去车身的干涸泥土；雾状水流覆盖面积大，除污效率高，适于除掉一般污垢。

具体使用方法：

(1) 对清洗机进行检查，使设备处于正常状态。

(2) 将高压水枪、水泵、水管连接好。

(3) 将水泵进水管放到水中。

(4) 接通电源。

（5）开动高压水枪的扳机，高压水便可从水枪中喷出，即可对汽车进行清洗。

（6）根据被清洗的情况需要，控制高压水喷出的压力和流量。

水枪喷出的水柱与车应保持45°左右，喷出水流的形状与压力是通过调节枪头前的螺母来改变的。

6．热水高压清洗机

热水高压清洗机是一种小型轻便的清洗设备，操作灵活，使用效果好，一般在寒冷的北方冬季使用。热水高压清洗机一般由水泵、加热装置和传动机构等组成，安装在轻便的小车上。高压水流的压力和流量是可调的，可根据清洗的要求进行调节。出水的温度也是可调的。

具体使用方法：

（1）检查汽车表面情况，制定必要的清洗措施。若车身表面污物较多，还有油垢等，可采用高压热水冲洗工艺。

（2）对清洗机进行检查，使设备处于正常状态，准备好所需工具和材料。

（3）接通水源、电源，启动清洗加热装置，使喷枪能正常喷出70～80℃的热水用于清洗。

（4）将高压喷枪的压力控制在10 MPa以内（一般不高于7 MPa，对于底盘可调到10 MPa左右），用75℃左右的热水，对车身外表从上向下冲洗一遍，可清除车身上的沙粒、污泥等。

7．便携式汽车清洗器

便携式汽车清洗器由盛水桶、打气筒手柄、水管、喷水开关及喷水毛刷组成。其特点是：

（1）用水量少，可节约用水。

（2）操作简便快捷，加长杆设计，可以对车顶、风挡等不易清洗的部位进行清洗。

（3）猪鬃毛刷设计，杜绝划痕伤害。

（4）可放置后备箱中，携带方便。

（5）可以随时清洗，不受时间地点的限制。

具体使用方法：

（1）将上面的压盖拧下，加水。

（2）提起打气筒手柄加压。

（3）达到一定压力后，将喷水开关打开，水在高压的作用下由刷头喷出，可冲可刷。

8．无刷式电脑洗车机

该设备能对汽车进行整车外部清洗，主要由高压喷水清

洗系统和控制系统组成。高压喷水清洗系统由水泵室、储水罐、输水管路、喷头及控制阀等组成。控制系统全部由电脑控制。

具体操作方法：

(1) 把需清洗的汽车开到指定位置停稳，关好车门，并关好清洗机门。

(2) 启动控制系统，调好高压水水压，打开喷头控制阀，按清洗整车的清洗工艺参数，对汽车进行喷淋清洗。

(3) 清洗完后，停机。把机门打开，用干净的抹布把车身外表擦干净，然后把车开出来，对清洗质量进行检查。若不合格，则进行补救清洗，直至合格为止。

9. 龙门式电脑洗车机

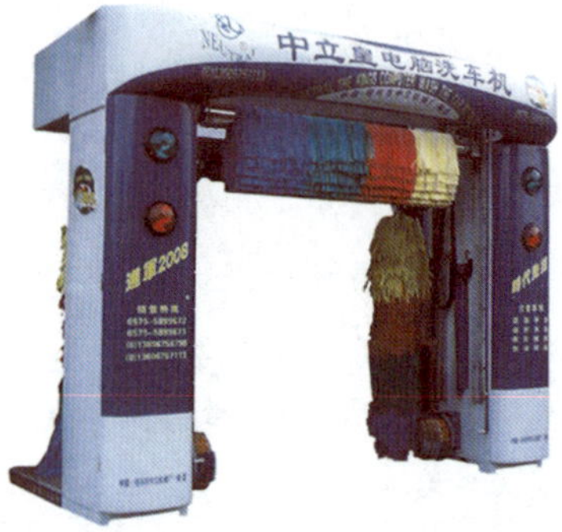

其工作原理为车不动，由机器本身往返移动，完成洗车、吹干、上蜡等工作程序。其主要功能有自动清洗车辆外表、自动定位刷车轮、高压冲洗底盘、自动加注清洗剂、自动打蜡及全自动吹干。以上各种功能通过电脑控制一次性完成。

具体操作方法：

(1) 把车开到清洗停车位置停稳，关好车门。

(2) 启动控制系统，调好清洗的水压、流速、时间等参数，开始清洗。

(3) 全过程由电脑控制，洗完后自动停机。

(4) 停机后，把车开出来，将车外表擦干，检验。若清洗质量有问题，需返工清洗。

10. 隧道式电脑洗车机

隧道式电脑洗车机可以实现如下功能：自动清洗、自动加注清洗剂、自动打蜡、无接触仿形吹干以及底盘冲洗。隧道式电脑洗车机价格较高，洗车速度快，每小时洗车为 120 辆左右。隧道式电脑洗车机为龙门式电脑洗车机的换代产品，也是目前国际的主流机型，具有能耗低、噪声小和洗车快等优点。

具体操作方法：

(1) 车辆对正洗车机入口，同时车辆左前轮驶入传送带入口，松开车辆驻车制动器，挂空挡。

(2) 按启动按钮，设备启动，车辆随传送带前行。

(3) 当车辆头部遇到各工作系统（喷水器、清洗刷、雨刷、前排竖刷、横刷、后排竖刷、蜡液喷头及吹干系统）时，各系统依次进入所选择的作业，直到车辆尾部“走过”该系统。

(4) 车辆由洗车机出口驶出后，洗车作业完成。

想一想

洗车时，水的压力越高越好吗？为什么？

四、汽车外清洗的时机

01 天气

(1) 连续晴天时，只要用掸子清除车身上的灰尘，再用湿毛巾或湿布擦拭前后挡风玻璃、车窗及后视镜。一般先清洗车顶，再清洗前后挡风玻璃、左右车窗、车门，最后清洗发动机盖及行李箱盖。如果一直为晴朗天气，大约一周做一次全车清洗工作。

(2) 连续雨天时，可先用清水喷洒全车，使车上的污物掉落。接下来用湿布或湿毛巾擦拭全车所有的玻璃。但当天气放晴之后，需进行全车清洗。

(3) 忽晴忽雨时，就得常常清洗车身。

02 行驶路况

(1) 行驶在泥泞路段时，一般车子都会受污泥所溅及，尤其是工地，地上的水泥容易溅起。如果车子被溅，应该立即使用大量清水清洗，以免附着久了伤及漆面。

(2) 行驶在海岸有露水或有雾区时，因海水盐分大，若回来后没立刻使用清水彻底清洗，则易使车身因盐分而遭受腐蚀。

（3）特殊情形。树下停车或高速行驶时，昆虫、鸟粪等杂物易粘在车身上，对漆面破坏性很大，要及时清洗。

昆虫尸体

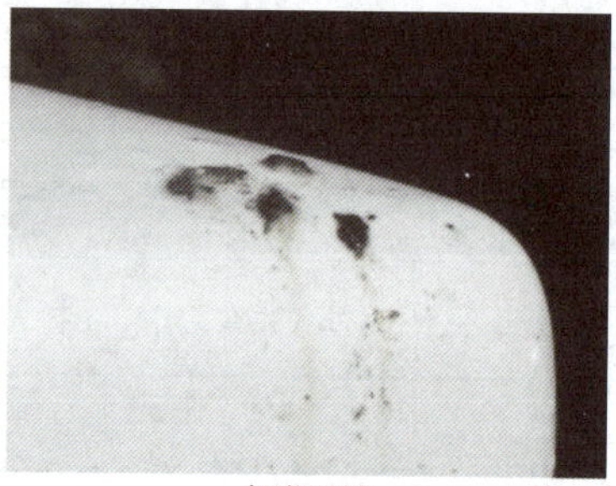
鸟粪污渍

五、汽车外清洗常见类型

汽车经常处于复杂的环境下行驶，附着的污物各异，因此，对于专业的汽车美容清洗而言，必须分析车身污垢状况，使用不同的清洁用品，选择不同的清洗方式，达到不同的目的。

汽车外清洗的类型主要有：开蜡清洗、静电去除清洗和增艳清洗。

01 开蜡清洗

新车刚出厂时，表面涂有一层保护膜以免受到风吹雨淋、烈日暴晒、烟雾、酸雨等对车身漆面的侵害以及运输过程中对漆面的伤害。在使用前，必须把这层蜡除掉再重新上光蜡。残蜡如果不清除干净，上新蜡时还会因为两次蜡的区别和上蜡的时间不同，极易产生局部新蜡附着不牢的现象。

新车开蜡的方法是使用强力开蜡水喷涂于汽车表面，停留3～5 min，然后用高压水冲去。应该提醒的是，开蜡水是溶剂型清洁剂，因而对人体是有伤害的，使用时应注意防护。

02 静电去除清洗

车辆在行驶过程中由于与空气摩擦而产生强烈的静电层。静电对灰尘和油污的吸附能力很强，只有把静电全部清除掉才能彻底洗净车身，为后续打蜡、封釉、镀膜等美容护理项目打好基础。如果车身静电没有彻底清除掉就上蜡，则电荷被覆盖在车蜡下面，蜡的养护性能就会大大降低，而且其附着漆面的能力也会降低，时间不长就会脱落而失去上蜡保护的意义。

单纯用清水或普通的清洗剂去除车身静电是根本达不到要求的。专门用于清除车身静电的产品是汽车专用清洁香波，是pH值为7.0的绝对中性清洁剂。其中的阴离子表面活性剂和其他有效清洁成分在涂于或喷于车身表面后会与车身自带电荷发生作用，将电荷从漆面彻底清除掉。

使用这种产品前应用高压水将沾在车身表面的泥沙冲掉，再将汽车专用清洁香波按比例稀释（按说明书要求），并用海绵擦（或高压清洗机均匀喷涂）到车身表面，保持片刻后用高压水把泡沫冲掉。

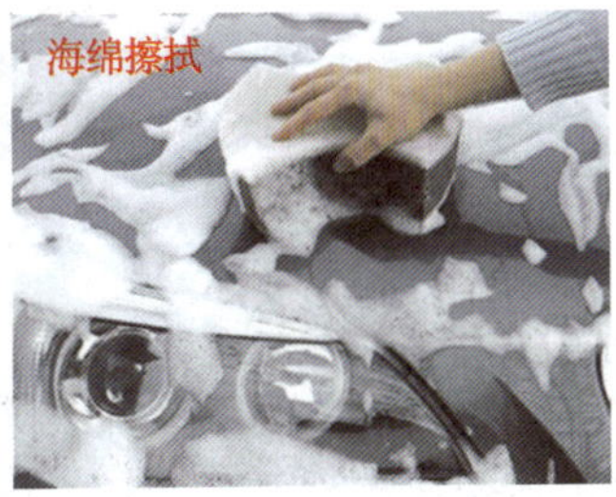

03

增艳清洗

这种清洗作业是在抛光或上镜面釉之后进行的，目的是除掉残留在车身表面的抛光剂和油分，为上蜡保护做准备。

增艳清洗的产品是清洁上蜡二合一香波，清洗效果好，不仅可以去除污物，同时留下一层薄薄的蜡膜为接下来的上蜡保护打基础。其不但能增艳漆色，同时能增加蜡膜的光泽，提高汽车抗静电和抗氧化能力。这层蜡膜保持不了很久，必须尽快进行上蜡。

想一想

车辆什么时候进行开蜡清洗？什么时候进行静电去除清洗？什么时候进行增艳清洗？

六、特种清洗

01

沥青清洗

对于沥青等车表的顽固污渍，按一般清洗流程来操作是不行的，必须进行特种清洗。具体方法有以下几种：

(1) 用沥青清洗剂清除

沥青清洗剂是汽车美容中常备用品，主要用于清除如沥青、焦油等有机烃类化合物。其具体方法如下：

1) 先将物体表面清洁干净，轻轻摇晃清洗剂使其均匀。

2）直接喷于表面，或喷在擦巾上均匀地涂抹在表面。

3）用干净棉布（无纺棉）擦干就可以了

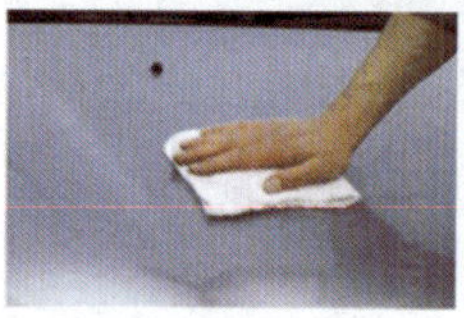

（2）用有机溶剂清除

在沥青清洗剂去除不理想或没有沥青清洗剂的情况下，可以考虑用有机溶剂来清除，方法是用毛巾蘸适量溶剂浸润污渍后，过一会儿擦拭。

注意：选择有机溶剂清除沥青，不能选用对清漆、面漆有溶解作用的有机溶剂，如含醇类、苯类的有机溶剂。

（3）用抛光机清除

对于以上方法未能解决或解决不好的情况，可以采用抛光机结合抛光剂或沙蜡来清除。但它是通过研磨漆膜而起清除作用的，所以操作时一定要小心，以免抛光过度。此方法也适用于鸟粪的清除。

02 昆虫和鸟粪的清洗

高速行驶后，车身前会有很多昆虫撞上去留下的痕迹。在炎热的夏季，树下停车易使鸟粪落到车身上。如果对这些脏污置之不理，紫外线和汽车的温度上升会加速它的氧化和变质，从而导致斑点残留或弄伤表面涂层。因此，车身一旦黏附昆虫的尸体或鸟粪，应在表面涂层受到伤害之前尽快洗净。

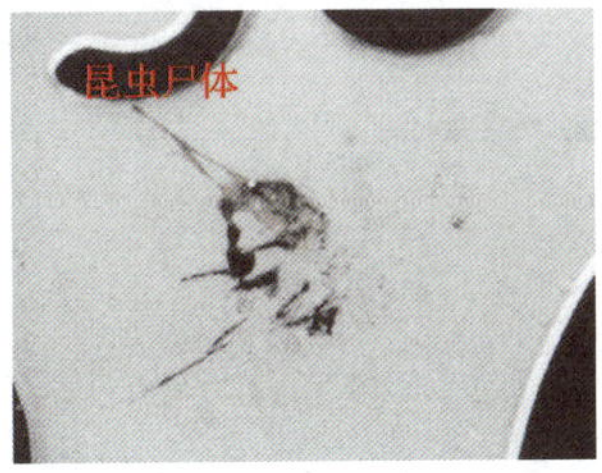

清洗方法如下：

(1) 隔着纸巾喷上清洁剂，用水分湿润干燥的污渍。

(2) 将湿润的抹布用力拧干，为了避免清洁剂残留，可以一边更换抹布的擦拭面，一边将脏污擦掉。

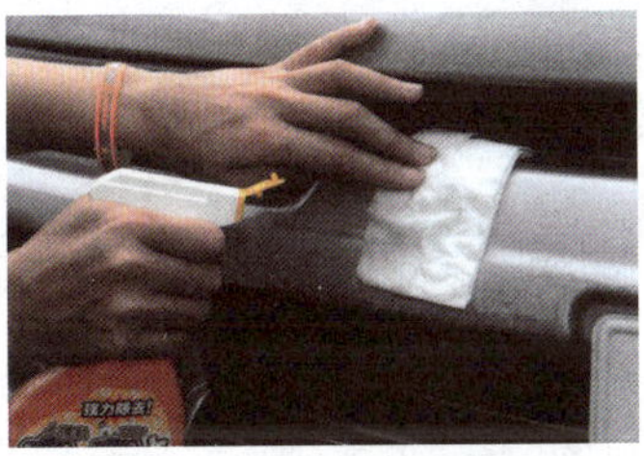

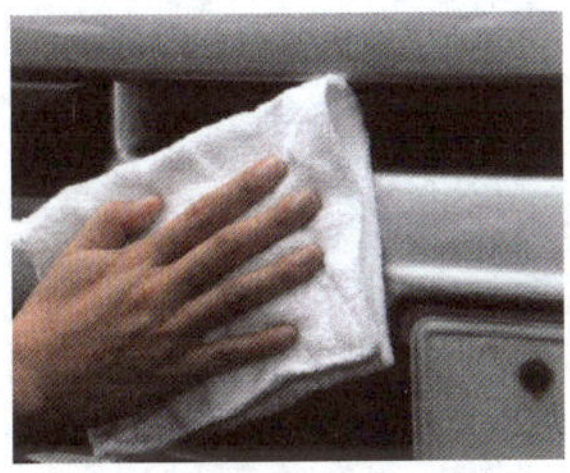

想一想

汽车车身沾上沥青或者鸟粪，能否用刮板进行刮除？为什么？正确的解决方法是什么？

七、人工清洗工作流程

1. 准备工作

(1) 将车停到清洗工位并拉上手刹，将车上用电开关关闭，并关好门窗。

(2) 观察车上有无顽固污渍，如沥青、树胶、鸟粪等，有则要在一般清洗流程基础上进行特种清洗。

(3) 询问客户是否要进行上蜡增艳处理，若要求则必须用开蜡水进行开蜡清洗（若车身还有残蜡），并在清洗中增加泼洒水蜡（二合一香波）这一操作。

(4) 依据车况及用户的要求，准备好清洁用品及清洗机，并将选定清洗剂按比例倒入泡沫清洗机内。

2. 清洗流程

常规的车身清洗流程一般为：清水冲洗车身→车身泡沫浴→擦洗车身泡沫→高压冲洗→

擦干车身→吹干→完成作业。

车身清洗最好两人配合，这样不仅速度快，清洁的效果也好。

01 清水冲洗车身

两人配合，用鸡毛掸将全车灰尘、污物清除一遍，并将脚垫拿出，一人负责冲洗脚垫，另一人先以较低的水压将全车浸润（保持 2～3 min，如果用温水浸润，后面的清洗效果会更好）一遍。对于有泥沙的车身则按先高后低、先中间后四周的方式进行高压冲洗，具体顺序是：车顶→前挡风玻璃→发动机舱盖→两侧→行李箱盖→车轮→底盘。尽量将泥沙冲洗掉，否则擦车时极容易划伤漆膜。

02 车身泡沫浴

车身经过高压冲洗或低压浸润后，将泡沫状的清洗剂喷涂于全车，并保持 2～3 min。

03 擦洗车身泡沫

两人手持海绵，一左一右按照从上到下地顺序擦洗车身，擦洗时要仔细，特别是角落及车身缝隙、裙部等地方，不可用大力，以免损坏车身漆面。对于存在沥青、树胶等顽固污渍的部位，则要使用相应的清洗剂或专用的工具来去除。

04 高压冲洗

擦洗完毕后，开始冲洗车身，顺序与第一步相同。这时要注意让水从上往下流，将上面的污垢带下，所以车身部位是冲洗的重点，冲洗的方法很重要。

05 擦干车身

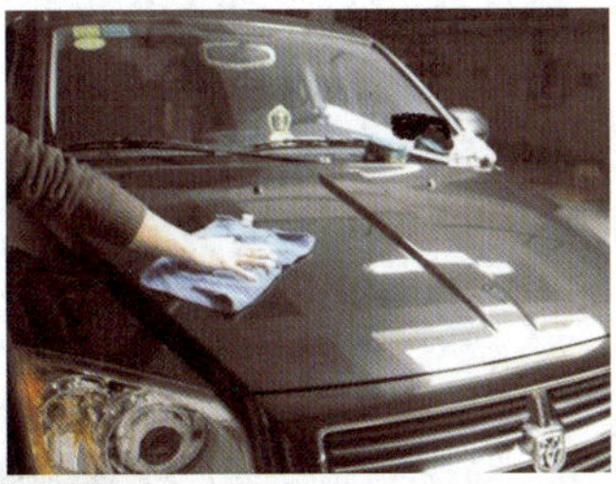

用半湿大毛巾两人配合，从车头到车尾预擦一遍，再用干毛巾细擦一遍，要求擦干水痕。同时注意检查操作中容易擦不到或遗漏的地方，如散热器栅格、车灯、刮水器等部位。

06 吹干

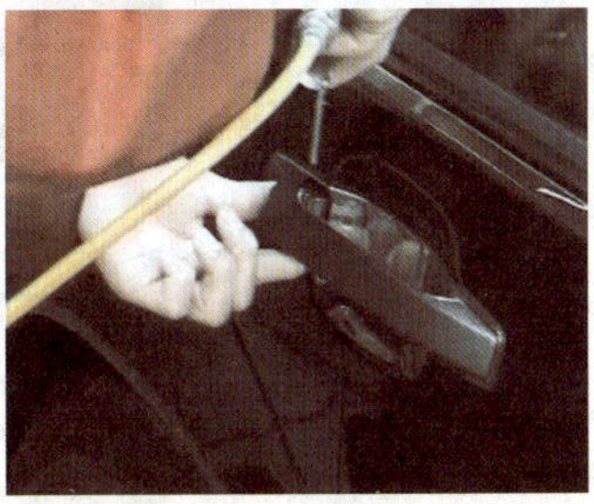

许多美容店只进行前面五道工序就结束，其实车一开动水珠就从车缝、门边等处跑出来，使清洗效果大打折扣，故必须吹干。方法是一手拿着接压缩机的高压气枪，一手拿着干净的抹布，边吹边擦，直至吹干为止。

操作提示

1. 注意汽车停位。驾驶汽车进入洗车道，要将车确实停放在洗车道中所设计的位置上。

2. 注意关闭门窗。汽车在清洗前应将车门、车窗紧闭，车内最好不要有人，因为有些车的防渗水功能不良，容易在清洗过程中渗水至车内，人员易被溅湿。

3. 注意水蜡选用。在未开始清洗前，要问清车主，如果因赶时间来不及用手工或机器打蜡，或者为了后面上蜡、封釉效果更好，可以用水蜡清洗。但注意一旦下雨，因水蜡附着在玻璃上，尤其前挡风玻璃，在雨刮片的作用下会造成视线模糊，所以在汽车清洗中是否选用水蜡应慎重。

4. 注意洗后慢行。刚洗完的汽车，车轮及制动毂没有完全干燥前，汽车应慢速行驶。其目的：一是避免高速行驶将地面上的灰尘再度附着在有水分的车轮上；二是制动毂中有水分会影响制动效果，为确保安全应避免高速行驶。

5. 洗车时必须用专用洗车液，不可采用家用的洗涤剂来清洗，以免其强碱性腐蚀车漆。

6. 洗车时最好用软水，尽量避免使用含矿物质较多的硬水，以免车身干燥后留下痕迹。

7. 进行冲洗时，水压不可高于 7 MPa，喷嘴与车体应保持一定的距离。

8. 不可在阳光直射下洗车，以免车表水滴快速蒸发留下斑点，影响清洗效果。

9. 不可在车身温度过高情况下洗车，以免温差过大伤害车漆。

10. 北方严寒季节不可在室外洗车，以防水滴在车身上结冰，造成漆层破裂；同时应在室内用热水高压清洗机提供温水来清洗，并在泡沫机中加防冻液。

11. 在清洁车身上的沥青时，千万不可使用与乙二醇基有关的溶剂，如汽油、酒精、制动液等，否则容易破坏车身上的烤漆。

任务实施

1. 检视车身。

(1) 仔细检查车身外观、轮胎气压等，如有异常及时告知车主。

(2) 观察车门、车窗、天窗是否正常关闭，防止进水。

(3) 观察并分析车身不同位置的洁净情况，以便进行专业清洗。

2. 拿出脚踏板垫。

先检视脚踏板垫的种类与放置方式，然后将其拿出做清洁。

3. 用高压水枪从上至下、从左至右、从前至后冲洗车身。

(1) 用清水喷洗车顶。

(2) 用清水喷洗前挡风玻璃及前保险杠。

(3) 用清水喷洗反光镜、车门（玻璃），后部。

(4) 用刷子刷洗车轮、轮胎、挡泥板内侧及凹缘处的积泥。

(5) 用清水喷洗车轮。

4. 汽车全身打泡沫。

5. 用洗车海绵搓洗车身，用刷子刷洗轮胎、轮辋、轮辐和轮毂。

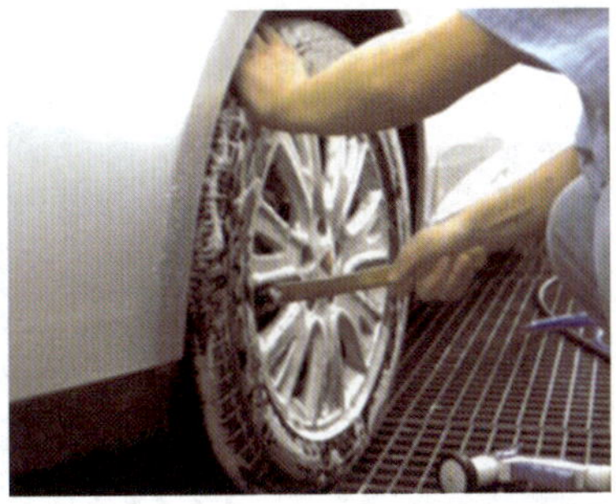

6. 用高压水枪冲洗车身泡沫。

7. 使用大毛巾擦拭车身。

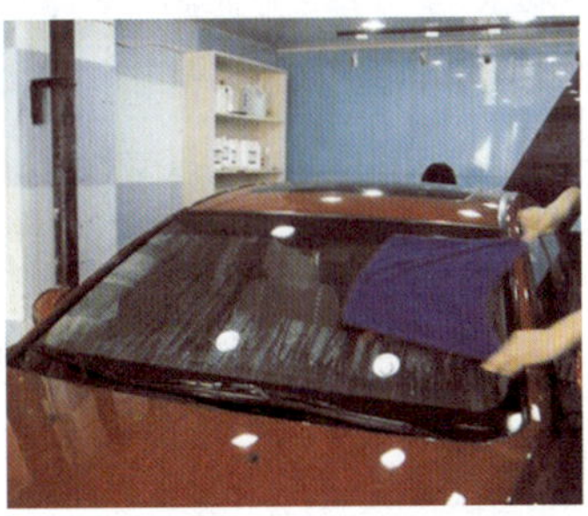

8. 用风枪吹出车缝内的积水。

课题 2　汽车内清洗

学习目标

1. 了解汽车内清洗用品。
2. 熟悉汽车内清洗工具及设备。
3. 掌握汽车内清洗工艺。
4. 能够规范进行汽车内清洗。

任务准备

一、汽车内清洗剂

用于汽车车内的清洗剂属于强碱型，pH 值较高，与洗车剂一样，大多数是浓缩型的，使用时应根据使用说明及车况酌情稀释。汽车内饰不同于外饰，不可用水或混合液体冲洗，只能以干洗的方式进行。要根据清洗对象的材料特征选用相应的专用产品。

汽车内清洗产品很多，根据汽车内饰件材料的不同大致分为以下几种：

名称	图示	说明
丝绒清洗剂		主要用于对丝绒、棉绒等织物进行清洁和保护；具有泡沫丰富，去污力强，洗后留有硅酮保护膜，恢复绒织物原状，防止脏物浸入等特点。使用时，先将产品在瓶内轻轻摇晃均匀，然后喷在需要清洁的表面，再用清洁干布将泡沫擦净，污渍明显处应反复喷涂擦拭
化纤清洗剂		在清洗剂的基础上增加了清洗内饰化纤制品的成分，对车用地毯等化纤制品上的油泥和时间不太长的果汁等具有很好的清洗效果，且不会伤害化纤制品

续表

名称	图示	说明
塑胶清洗剂		主要用于塑料及橡胶制品的清洁与护理，消除污垢的同时能在塑胶制品表面形成一层保护膜，具有翻新效果
真皮清洗剂		主要用于皮革制品的清洁与护理，清除污垢的同时能在皮革制品表面形成一层保护膜，起到抗老化、防水、防静电的作用，延长皮革制品的使用寿命
多功能清洗剂		不仅可对化纤、皮革、塑料等不同材料的内饰物品进行清洗，而且可起到上光、保护、杀菌等作用。使用很方便，只要一喷一抹，即可增加光泽，并有防止内饰部件老化、龟裂及褪色的功效
多功能绿色清洗剂		此类清洗剂是近年来才出现的高档产品，特点是清洗功能强，使用起来很像溶剂，但破坏性极小，应用范围广泛，可用来清洗皮革、仪表台、排挡区等

想一想

能否用洗衣粉或洗衣液来清洗车内饰件？

二、汽车内清洗设备

1. 高温蒸汽清洗机

高温蒸汽清洗机用于清除汽车驾驶室及车厢内的各种污渍，并有杀菌和除臭功能。其所喷出来的蒸汽可对丝绒、化纤、塑料、皮革等不同材料进行清洗，还可以去除车身外部塑料件表面的蜡迹。同时，它还具有杀菌消毒的作用，特别是对带有异味的污垢有很强的清洗效果，能使皮革恢复弹性，丝绒化纤还原至原有光泽，是汽车内饰美容的必备设备。

清洗前，首先将续水门打开，注满清水，盖好后开机预热 10 min 左右，待使用指示灯显示后便可以操作。因为蒸汽温度很高，可达 130℃，所以操作时应根据部件的不同材料选择不同的温度，以免损伤部件，并用半湿毛巾包裹适合内室结构的蒸汽喷头使用。一般情况下，车内物品在 80℃左右就已经够用，无须太高的温度。有些制品如塑料、皮革，耐热性较差，在使用高温蒸汽清洗机清洗时，温度应适当调低。

2. 吸尘器

汽车内室虽然空间小，但结构复杂，不便于清洁，使得车内经常积聚有大量的灰尘，特别是座椅上的皱褶和一些角落部位的灰尘极难清除。吸尘器能较好解决这一难题，它是一种能将尘埃、脏物及碎屑吸集起来的电器设备，可方便地将内壁、地毯、座椅及缝隙中的浮尘和脏物吸除干净，且不会使尘土飞扬。

吸尘器利用电动机的高速转动，带动风叶旋转，使吸尘器内部产生局部真空，形成空气吸力，将灰尘、脏物吸入，并经过吸尘器内部的过滤装置，将过滤后的清洁空气排出，以达到吸尘的目的。

使用吸尘器的注意事项：

1. 每次使用前，先将集尘袋清理干净。
2. 有灰尘指示器的吸尘器，不能在满刻度工作，若发现指示器接近满刻度，要停机消灰。
3. 不要用吸尘器吸金属碎片，以防电动机损坏。
4. 吸尘器在清理尘埃时，不要将手放在吸口附近，以免发生危险。
5. 吸尘器包线的绝缘保护层要保护好，以免发生触电事故。

3. 喷抽式地毯清洗机

喷抽式地毯清洗机对车内地毯、座椅等化纤丝绒类内饰的清洁效果好，而且操作方便，因而运用广泛。

喷抽式地毯清洗机的原理：水与清洁剂混合液在压力的作用下喷入地毯深层，然后将溶有污物的混合液抽回至污水槽中。

4. 高效多功能洗衣机

高效多功能洗衣机用于清洗汽车内的座椅套、头枕套等织物，它们极易变脏，每使用一段时间都要清洗，而座椅套、头枕套等织物的拆卸不是一般车主能做的。在做汽车美容的同时，做好织物的清洗。为了节约车主时间，洗衣机必须集清洗、烘干和免烫功能于一体。因此，专业的汽车美容店应必备一台高效多功能洗衣机。

5. 脱水机

脱水机以地毯清洗和脱水为主，其他清洗物品，如座套、车垫、工作服、毛毯等，在清洗后也可用它进行脱水，效率很高。

想一想

使用蒸汽清洗机清洗塑料、皮革等物品时，如何调整温度？

三、汽车内清洗的必要性

01 美化车内环境

车内环境会对驾乘人员产生重要的生理及心理影响。通过对车内美容使车内空间保持清新和整洁，可以为驾乘人员营造一个温馨、整洁的乘坐环境。

02 净化车内空气

车内的地毯、座椅、空调风口、行李箱等处，经常接触潮湿的空气或水渍，最易令细菌滋生，使内饰霉变，散发出气味，不但影响了车内空气环境，更重要的是对人的健康产生了威胁。因此，对车内空气进行净化处理，杀灭细菌，保持车内空气清新是汽车美容中必不可少的一项作业内容。

03 延长饰件使用寿命

车内的清洁、杀菌、除臭，可以有效地防止各种污物对地毯、真皮座椅、纤维织物等的腐蚀，加之使用专门的保护用品对塑料件、真皮及纤维织物进行清洁上光保护，可大大延长内饰件的使用寿命。发动机清洁作为内饰美容的一部分，对汽车发动机性能的影响非常大。发动机上附着的油泥、灰尘及污物不但影响美观，而且还易造成发动机附件故障，更主要的是影响发动机的散热能力，加速发动机运动副的磨损，使发动机使用寿命降低。

知识拓展

车内污垢的种类与演变

1. 车内污垢的种类

(1) 水溶性污垢：糖浆、果汁中的有机酸、盐、血液、黏附性的液体等。

(2) 非水溶性固体污垢：泥、沙、金属粉末、铁锈、霉菌、虱虫等。

(3) 油脂性污垢：润滑油、漆类产品、油彩、沥青、食物油脂等。

2. 车内污垢演变的三个阶段

(1) 黏附：污垢会在重力作用下黏附在物件的表面。当有压力或摩擦力产生时，污垢会渗透物件的表层，变得难以去除，如汽车玻璃及仪表台上的灰尘。

(2) 渗透：饮料或污水会渗透物件的表层，被物件所吸收，以致很难清除，如车门内饰板、脚垫上的饮料或血渍。

(3) 凝结：黏性污垢凝固后，会紧紧粘贴在物件表面，如脚垫或地毯表面的油类污垢。

四、车内去除污垢的方法

01 高温蒸汽

高温蒸汽可使极难去除的污垢在清洗之前得到软化，为手工清洁内饰件上的污渍做好准备。

02 水

用水可去除水溶性污垢，可采用洗涤或擦拭的方法去除，但不能去除油脂性污垢。

03 清洁剂

清洁剂能有效去除油脂类污垢，帮助水分渗入内饰丝绒化纤制品。

04 作用力

动力清洗内饰部件时，拍打、刷洗、挤压等都有助于去除污垢。

想一想

车内去除污垢有四种方法，它们各自在什么情况下使用？是否能同时使用？

五、车内清洗工艺

车内清洗是一项系统、细致的作业，一定要遵循规范的程序，主要包括车内除尘、车内各部件的清洁与护理、车内净化。其中，较多采用的是高温蒸汽消毒方式，既可净化（消毒）、清洁，又可起一定的护理作用。

01 车内除尘

除尘、除水是车内清洁的第一步，汽车内饰最忌受潮，潮气会使内饰发霉、变质。因此，车内除尘应避免采用水洗的方法，应采用具有吸尘、吸水功能的专业型吸尘器。

首先，将车停稳，并将车内的脚垫和杂物取出，抖掉尘粒，倒掉烟灰，并用毛刷清洁车内顶棚。

然后，视情况选择正确的吸尘嘴连接，利用吸尘器进行吸尘、吸水作业。应遵循从高到低的原则，先进行顶棚除尘，再依次清洁仪表盘、座椅、地毯、车门内侧及后备箱。对于地板可采用两次吸尘的方法，清理较为彻底：第一次吸掉沙粒，可选择长扁嘴，吸沙效果好；第二次更换吸尘扒，若有水可换吸水扒先吸水再吸尘，对于吸尘扒不易吸或吸不净的地方可换圆毛刷边刷边吸。

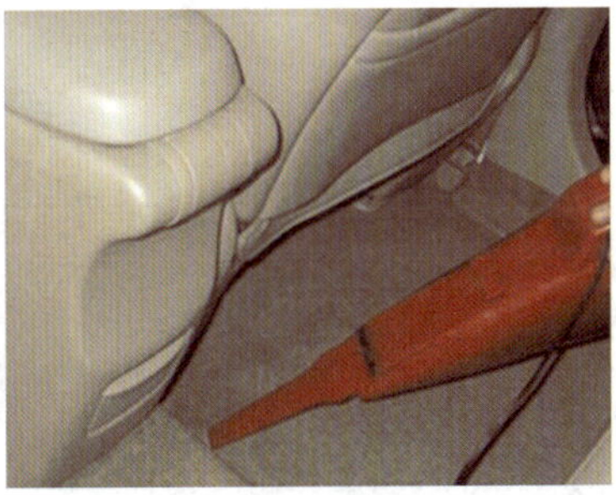

操作提示

1. 吸尘时应将吸尘器尽量靠近人体，即安全又方便工作。特别应注意避免吸尘器或管带碰擦车身。

2. 应重视的几个部位：中控台的凹槽、烟灰缸、座椅的边缝、椅脚过沿、离合器踏板、油门踏板、地毯、边门储物盒、后挡板等，应反复吸除直至干净。

3. 吸尘时应不断检查吸尘嘴的洁净情况，谨防交叉污染。

4. 吸尘时应注意观察，不要把钱币、金属异物或车主有用物品吸入。

5. 内室地毯有水渍时，必须先换吸水扒将水吸干净再换吸尘扒或圆毛刷进行吸尘作业。

6. 如果要吸水则应将吸尘器中的过滤袋拿出，方能吸水。

7. 吸尘作业完成后，必须按正确的方法对吸尘器进行维护。

02 清洁护理仪表盘和方向盘

仪表盘多为塑胶制品，存在较多细条纹，沾染的成分简单，多为灰尘黏附，容易清除。

对于仪表盘上的细小部位，可以将牙刷伸进空隙把灰尘刷出来。为了不让掏出来的灰尘四散，可以一边用吸尘器吸，一边刷。

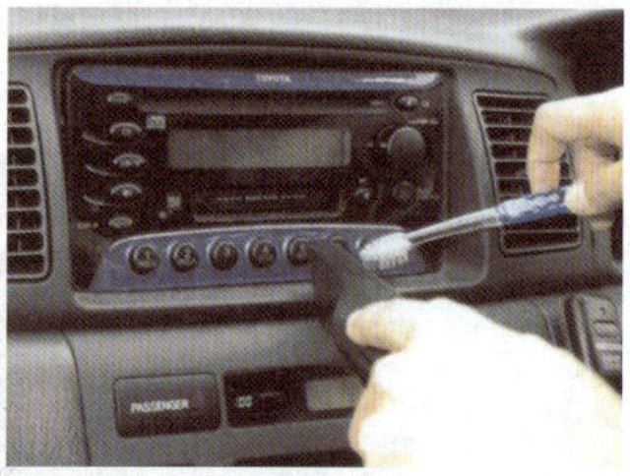

在除尘的基础上，先用拧干的湿毛巾擦拭，然后在仪表盘上喷塑胶清洁剂，并轻轻擦拭，即可达到清洁光亮的目的。

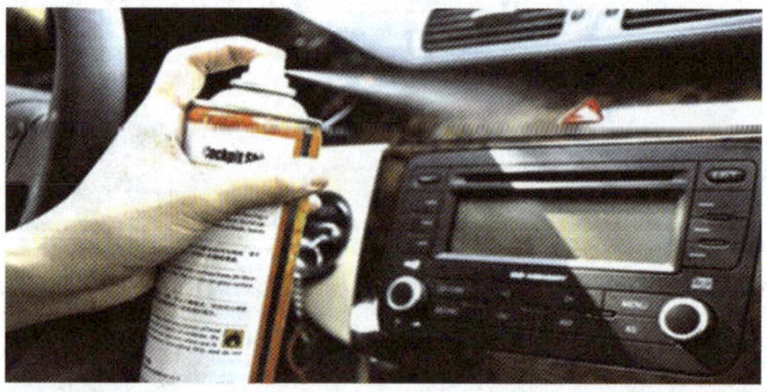

方向盘多为人造革和真皮材料，易沾染人体油脂。先喷多功能清洁剂并用毛巾擦拭，再使用真皮清洁剂，等待 3～5 min 后，配合软毛刷进行上光处理。

03 空调出风口除尘

用吸尘器吸空调出风口处的灰尘。如果还有无法清除的脏污，可以用湿润的棉签来清除。

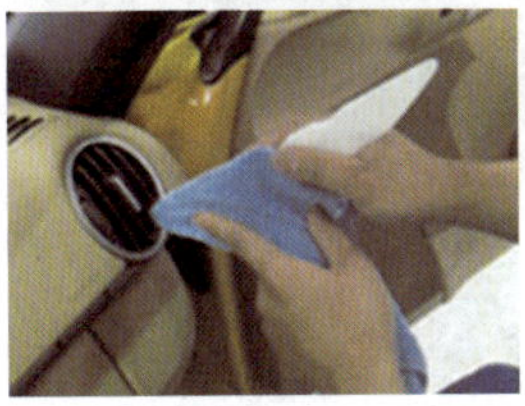

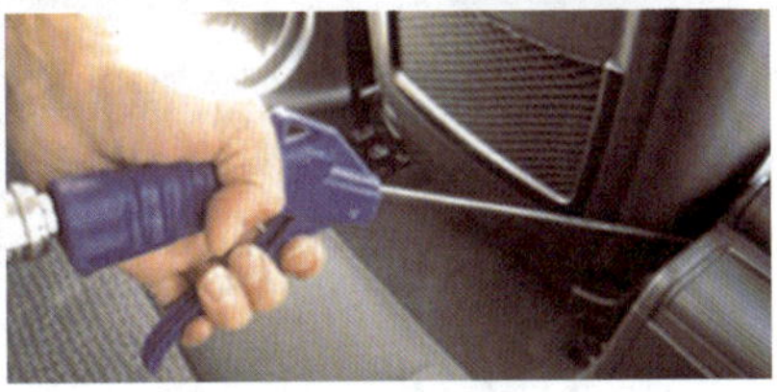

04 清洁护理顶棚

汽车顶棚通常是由化纤、丝绒、纯毛（高档车）等材料做成，因位置特殊，基本不会沾染其他污物。由于绒布具有吸附性，脏污多为吸附烟雾粉尘及人体的头部油脂，因而清洗时难以使用机器，只能人工操作。

(1) 顶棚清洗应使用绒毛清洁剂，从前向后，先向顶棚喷上少许绒毛清洁剂，湿润半分钟。

(2) 把干净的毛巾折叠成四方形，顺其纹路从污迹边缘向中心方向擦拭。污垢严重时，可重复以上操作，并可结合蒸汽清洗机的蒸汽来清洁。

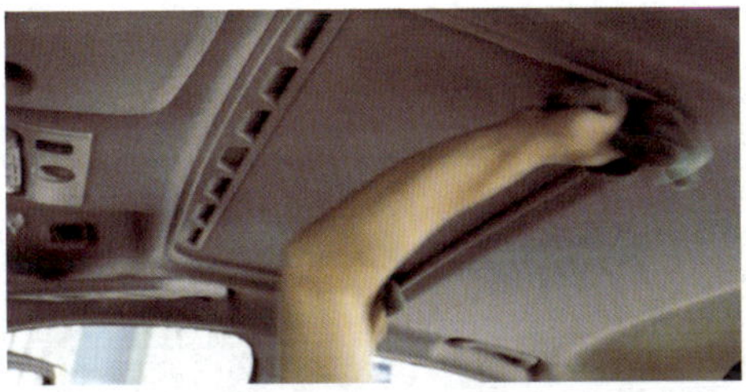

(3) 处理干净后，用另一块干净的棉布，顺着车顶的绒毛方向抹平，使其恢复本来的模样。

05 清洁护理座椅

座椅是内饰件中使用频率较高的部位，常沾有大量的人体汗渍、油渍和细菌，是车内清洁的重点和难点。座椅的清洁护理必须依据座椅的材质来决定。汽车座椅主要有化纤丝绒类及皮革类两种，故清洁护理工作有所不同。

• 化纤丝绒类座椅的清洁护理

此类清洁护理要求恢复座椅的本来模样，除去表面及渗进的各类沾染物和油污，保持或恢复绒毛的柔顺性，必须采用专用的清洁剂进行处理。具体方法如下：

（1）将化纤清洗剂摇晃均匀后，将清洗剂喷到污处。

（2）稍停留片刻，脏污就会浮上来。

（3）用一块洁净的干毛巾用力压在污处，挤出溶有油污、污物的液体，再从四周向中间仔细擦拭，直到除去污迹。对于特别重的污迹可重复上述过程，也可配合蒸汽来清洗。

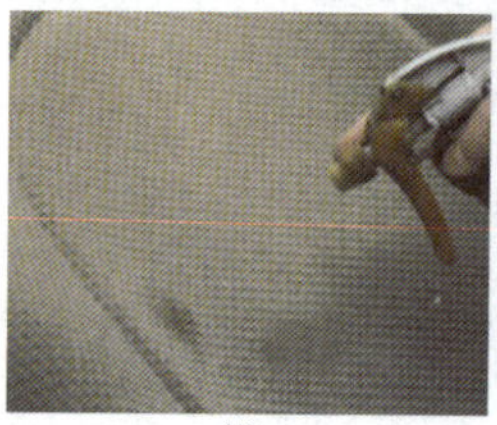
(1)

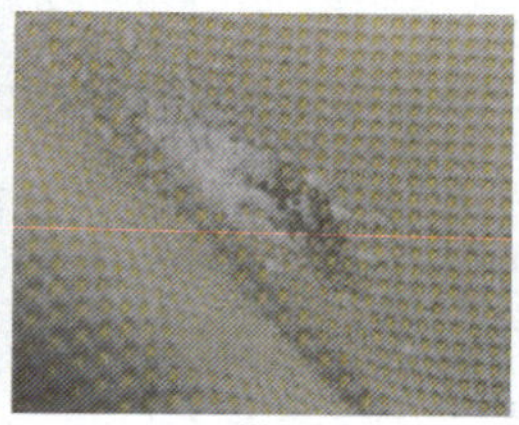
(2)

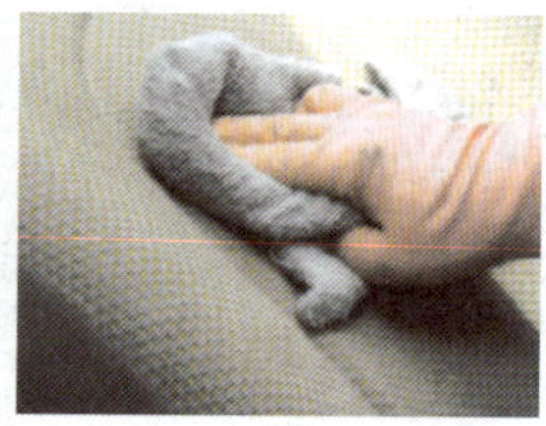
(3)

操作提示

化纤丝绒类座椅的清洁绝对不可以用汽油、稀料或丙酮等清洁，更不能用漂白粉。这些物质对绒毛制品的柔顺性、光亮度及颜色都有很大的影响，应绝对禁止使用。另外，所使用的清洗剂不能影响绒毛材料的颜色，防止清洗后出现颜色不一、褪色等情况。

• 皮革类座椅的清洁护理

人造革和真皮座椅的共同点是表面有许多细纹，在这些细条纹内容易吸附许多污垢，很难彻底清除干净。对于人造革和真皮不可用水清洗，否则不但影响其美观，而且会产生裂缝，影响使用寿命。因此，清洁这类座椅必须用专业的皮革或皮塑清洁产品，不但能上光，更能有效去除静电，增强保护功能。具体操作方法如下：

1. 先准备好工具

2. 喷多功能清洁剂

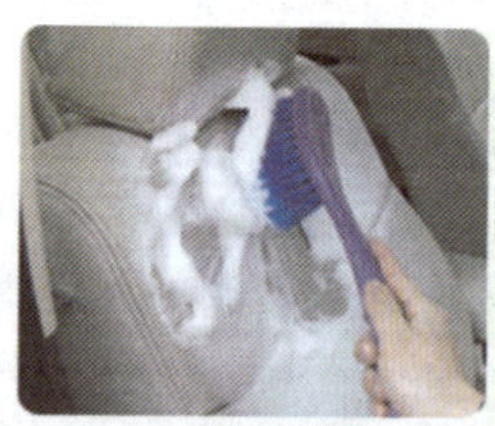
3. 用刷子刷

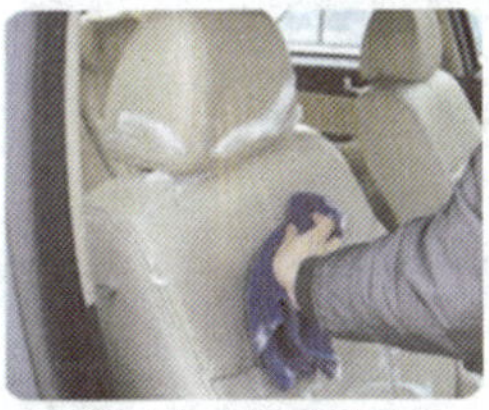

4. 用毛巾反复擦拭干净

5. 喷真皮滋润剂

6. 用边角擦反复来回涂匀，直至渗入真皮毛孔

7. 稍等片刻，喷皮革上光保护剂

8. 用边角擦反复来回涂匀，渗入真皮毛孔

9. 喷异味根除剂去除异味

06 清洁车门内衬

车门内衬有绒质和皮质两种材质，由于与驾乘人员贴近，所以容易弄脏，主要是沾染油污。具体操作方法如下：

(1) 在车门上喷洒万能清洁剂。

(2) 用软毛刷刷洗车门。

(3) 用毛巾擦拭。

(4) 不能将万能清洁剂喷在音响上，应喷在音响周围，用毛刷沾取清洁剂清洁音响，然后用毛巾擦拭干净。

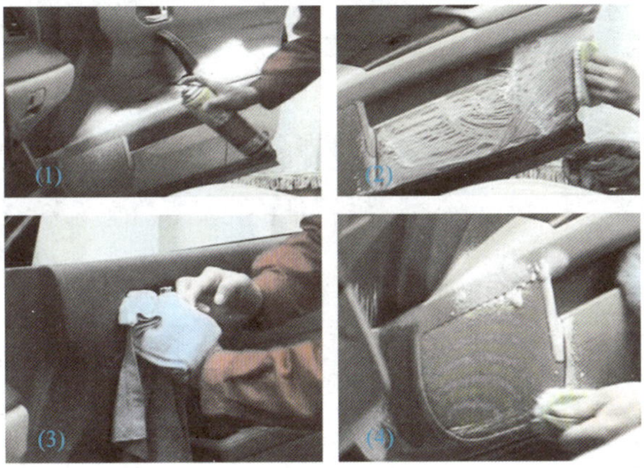

07 清洗安全带

安全带应用中性的清洗剂和温水进行清洗，不能选用染色剂或漂白剂作为清洗剂，否则将会降低安全带的强度。具体方法如下：

(1) 用水浸湿抹布，然后用力拧干，喷上专用清洁剂。

(2) 用毛巾夹住安全带进行往复擦拭。如果直接将清洁剂喷到安全带上，会渗入安全带的纤维中，所以不能这样做。

（3）将清洁剂喷到牙刷上，轻轻地刷洗带扣。往牙刷上喷清洁剂时，要控制牙刷的水分，以便能轻松地将其擦掉。

（4）用干抹布将清洁剂和水分擦掉。

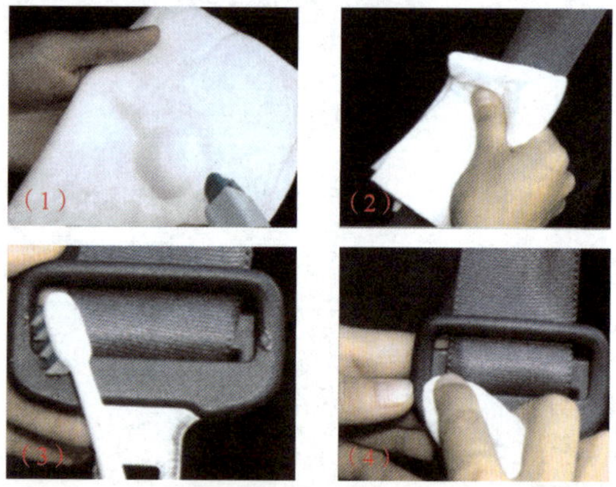

注意事项

1. 清洁汽车不同材质的内饰部件时，最好使用专用于该物件或最相称的清洁剂。

2. 不同的内饰清洁用品混合后可能产生有害物质，并可能会释放出有毒气体。将清洁剂加热，如放入蒸汽清洗机内使用，也会产生有害气体。因此，除非产品包装上注明特别的混合比例或配合机械的使用方法，否则切勿随意混合或加热使用内饰清洁用品，以免发生化学反应产生有害物质。

3. 对于首次使用的清洁剂，应先在待清洗部件的不显眼处进行测试。如使用皮革清洁剂清洗内饰皮革时，先在不显眼的地方小面积使用，如座椅底部或背面等，以防褪色或发生其他损害。

4. 注意正确地保存清洁剂，这样既可保证产品充分发挥效能，更有助于防止其过早变质。清洁剂均应储存于阴凉、干燥处，并注意放在儿童不易触及的地方。避免产品泄漏或因挥发而失去效力的有效办法是正确开启产品包装，使用后应注意封好包装。

08 车内净化

车内清洁后仍有许多看不见的有害细菌无法彻底清除。据统计，在人体呼出的气体中，至少存在25种有害物质，例如二甲胺、酚类、苯类、四氯乙烯以及各种细菌。加上人体排泄出的汗液，鞋、袜、衣服等散发出的不同气味，人在谈话、咳嗽和打喷嚏喷射出来的唾沫，都在不同程度上加重了车内空气的污染。因此，必须对车内净化，主要净化处理措施是室内消毒及喷空气清新剂。

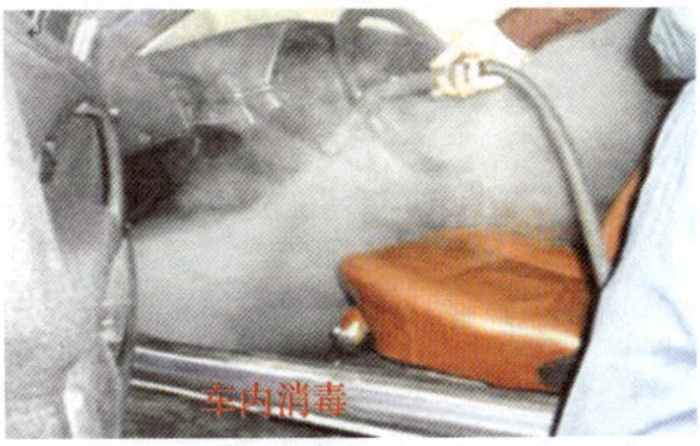

在经常打开车窗的基础上，必须采用室内消毒的方法来清除细菌，主要采用高温蒸汽进行杀菌消毒。在加入高温蒸汽机的清水中加入消毒液，效果更好。

杀菌消毒完毕后，可以喷洒少量空气清新剂，使乘坐环境更为舒适。为了得到清新的空气环境，还可采用如下措施：启动发动机，使用空调外循环，打开鼓风机，保持5 min，可使车内空气焕然一新。

09 行李箱的清洁护理

行李箱与车身内部极为相似，内饰多为绒布，清洁方法也基本相同，主要流程是吸尘、蒸汽喷熏、清洁、护理及净化。

操作步骤如下：

(1) 取出行李箱内备胎、随车工具以及杂物。

(2) 取出底板防护垫，并拍去灰尘，视情况进行冲洗甩干。

(3) 用吸尘器吸去内部灰尘、泥沙和污垢。

(4) 用高温蒸汽清洗机对整个行李箱进行蒸汽喷熏。

(5) 用喷抽式地毯清洗机进行行李箱内部的清洁护理。如果没有清洗机，可手工进行操作。方法是用湿毛巾进行擦拭除去灰尘，对于局部较严重的部位，用化纤物清洗剂进行清洁。

(6) 对丝绒内饰可再喷涂一层丝绒保护剂或丝绒光亮剂。

(7) 对行李箱的密封条，可先用水清洗，然后用毛巾吸干水分，再涂上车蜡或橡胶保护剂。

(8) 对整个行李箱喷洒空气清新剂。

任务实施

1. 室内吸尘。

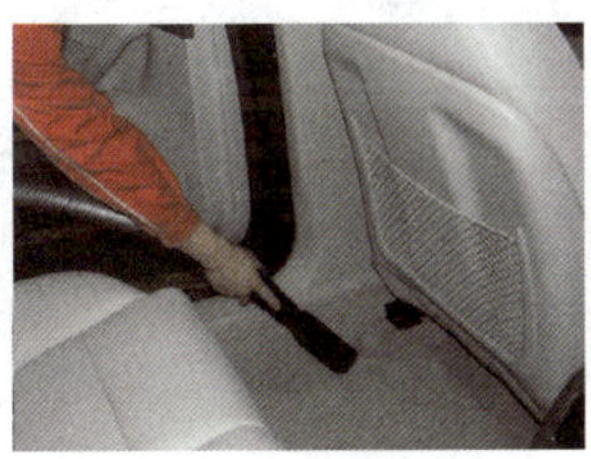

2. 清洁地毯。

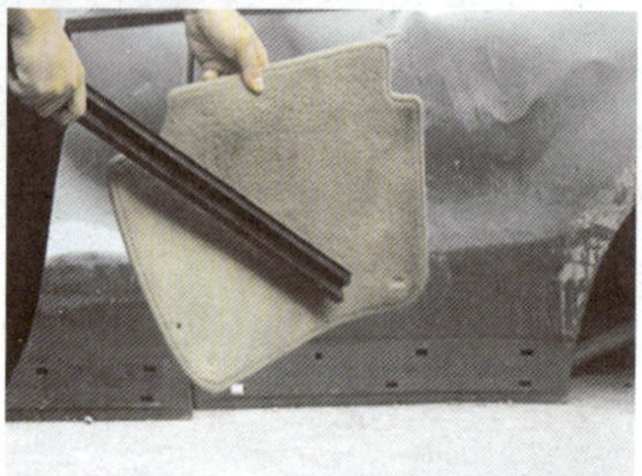

3. 清洁空调出风口。

使用小刷子刷出风口上的灰尘，在清洁灰尘的同时用湿布在清洁部位附近擦拭掉落的灰尘。

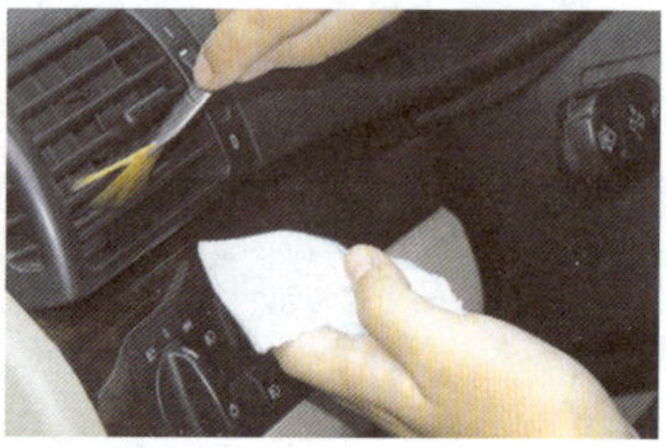

空调出风口格栅上的边角位可以使用蘸湿的棉签来清洁。

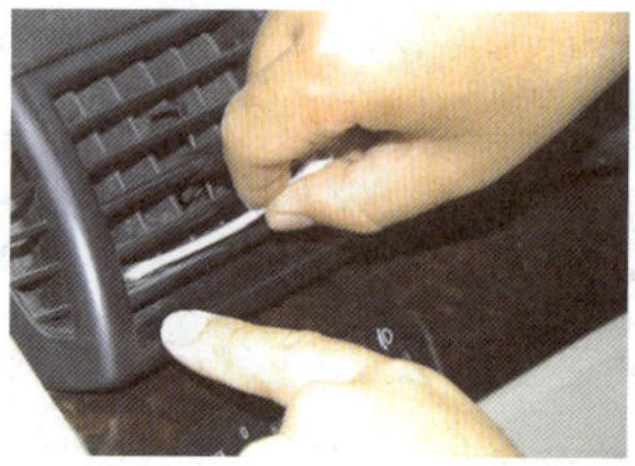

4. 清洁塑料饰板。

在塑料饰板上喷上专用的内饰清洁泡沫。

待泡沫散去一点便可以使用干布擦拭饰板，直到泡沫完全被拭去，塑料内饰变得干净为止。

5. 清洁桃木内饰。

可先用湿布清除上面的灰尘，如有指纹等污渍，则使用少量的内饰清洁剂进行清洁。

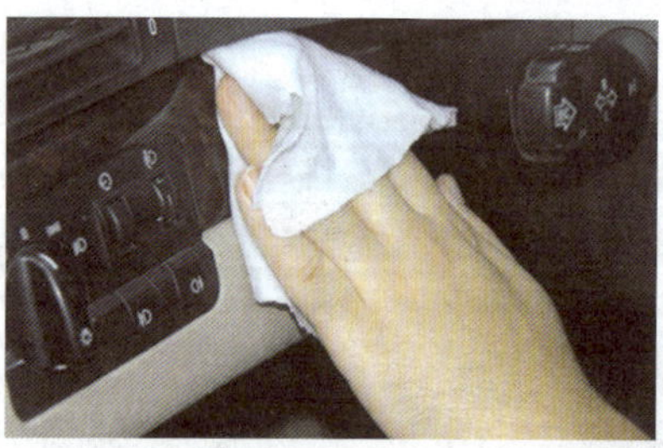

然后使用柔软的吸水力强的干布（如镜头布）拭去桃木上的水分。

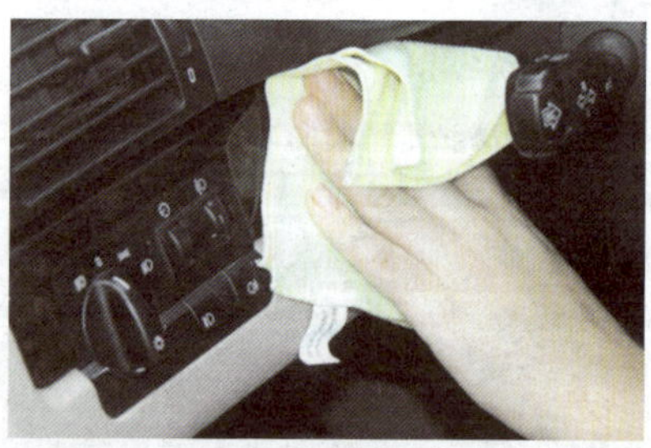

6．清洁顶棚。使用拧干的湿布轻轻擦拭整个绒顶表面。对于脏污，使用内饰清洁剂进行清洁。

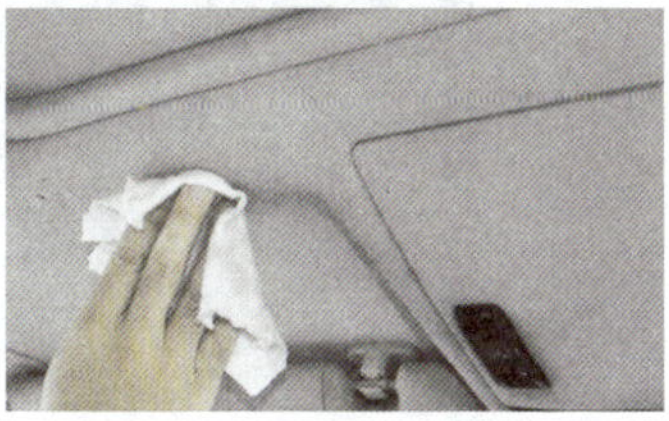
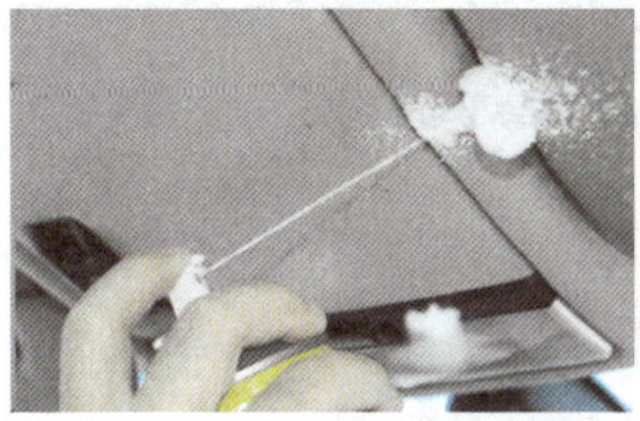
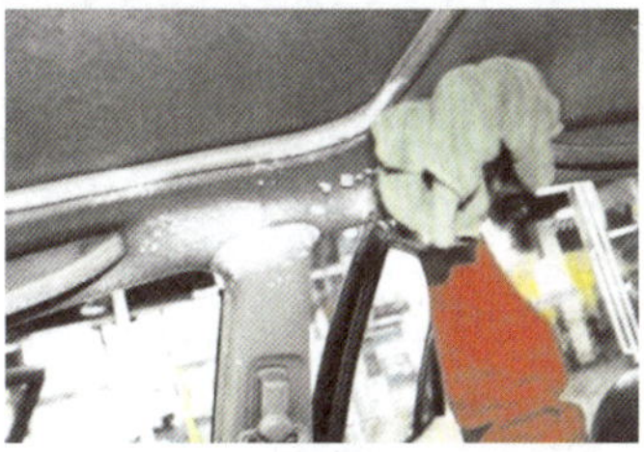
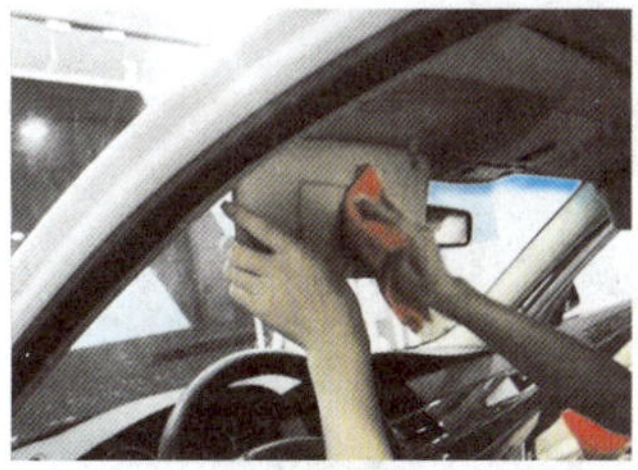

7．清洁皮革座椅。向座椅上喷上适量的皮革清洁剂，让清洁剂覆盖皮革表面。等待3～5 min待泡沫散去，使皮革清洁剂充分溶解污渍。使用柔软的干布将溶解的污渍和皮革清洁剂擦去。

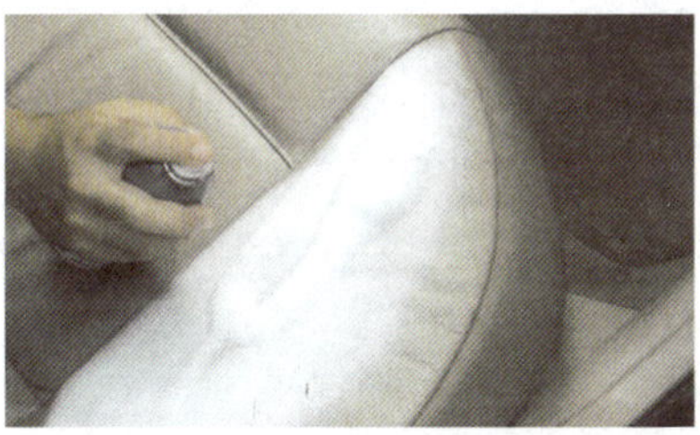
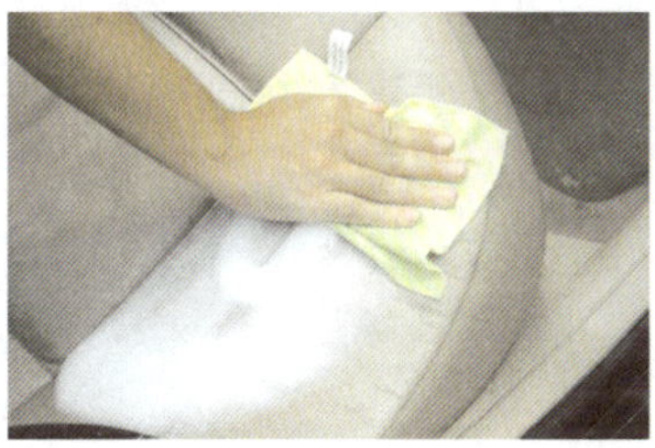

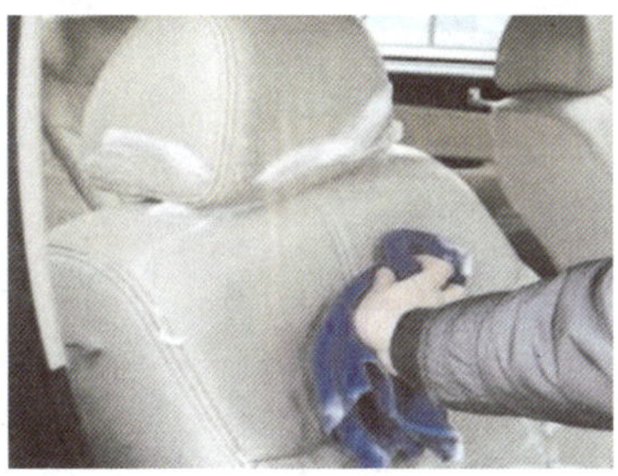

8．清洁车门内饰板。

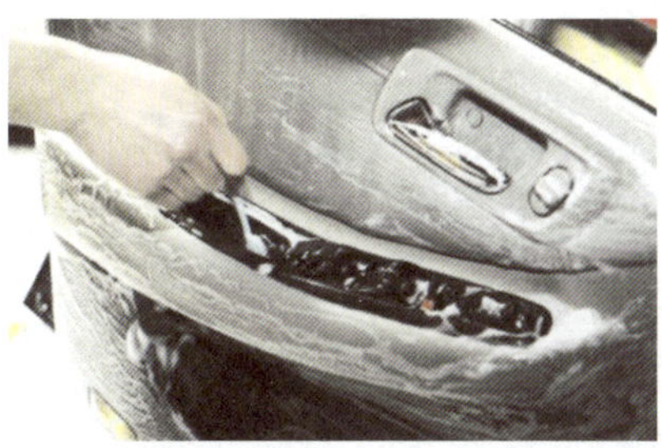

9. 清洁地板。

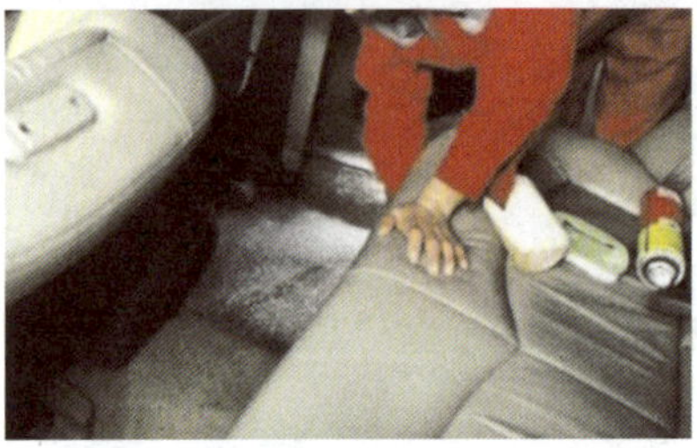

10. 清洁门槛。

11. 清洁行李箱。

单元三 汽车护理

课题1 汽车打蜡

学习目标

1. 掌握研磨剂、抛光剂、还原剂的种类和特点。
2. 掌握车身研磨、抛光、打蜡的专业工具的使用方法。
3. 掌握车身研磨、抛光、打蜡作业的施工流程。
4. 能够对汽车进行正确的打蜡护理。

任务准备

汽车在使用过程中，由于自然侵蚀和人为因素，会造成漆面出现变色、老化、微浅划痕等现象。汽车漆面护理通过研磨、抛光、还原、打蜡等美容作业，既可预防上述现象的发生，又可对受损的漆面进行补救。

汽车漆面研磨、抛光、还原三道工序是对车漆进行深层护理的基本工序，三道工序的护理用品主要是研磨剂、抛光剂和还原剂。

知识拓展

研磨分为手工和机器两种。机器研磨时间短，效率高。而手工研磨则主要应用于高档车，可达到更高的质量，研磨的效果更接近自然。对于初学者来说，最好使用手工研磨，既能提高自身的感性认识，又可避免机器研磨发生事故的风险。

一、汽车深层护理用品

1. 研磨剂

研磨是通过表面预处理清除漆面上的污物，消除严重氧化及微浅划痕或减轻表面缺陷。研磨所需的材料主要是研磨剂。研磨剂按使用范围不同分为普通型研磨剂和通用型研磨剂。

普通型研磨剂含有坚固的浮岩摩擦材料。根据浮岩颗粒的大小不同，研磨剂分为深切、中切和微切三类，主要用于治理普通漆不同程度的氧化、划痕、褪色等漆膜缺陷。

浮岩颗粒较坚硬，如用在透明漆上很快就会将其打掉，因此，它们不适合透明漆的研磨。

通用型研磨剂又称透明漆研磨剂，主要由微晶物和合成磨料组成，它们的切割功能依旧存在，但不像浮岩颗粒那样坚硬，对于普通漆和透明漆均可使用。

2. 抛光剂

汽车抛光主要是治理汽车漆的轻微损伤，清除漆层表面的轻微氧化物和杂质，消除研磨造成的细微划痕，填平漆膜表面上如针尖般细小的缺陷，包括酸性、碱性水点，汽油、柴油、机油油渍，石灰、水泥点，昆虫点，鸟粪污点，金属斑（工业污染），漆点等，使漆面达到镜面般平滑的效果，为还原、打蜡做好准备。

抛光剂也是一种研磨剂，是一种含更细颗粒摩擦材料的研磨剂。抛光剂按摩擦材料颗粒大小不同，分为微抛、中抛和深抛三种。

微抛用于去除极细微的车漆损伤，一般指刚刚发生的环境污染及酸性侵蚀。中抛和深抛主要用来处理不同程度的发丝划痕。中抛主要适用于对透明漆的抛光，深抛主要适用于对普通漆的抛光。

3. 还原剂

还原是介于抛光与打蜡之间的一道工序，还原剂可使研磨和抛光等工作成果再上一个台阶。还原剂中的有些产品又称增光剂。

还原剂与抛光剂的本质区别在于还原剂中含蜡（或上光剂），而抛光剂中不含蜡（或上光剂）。

想一想

研磨剂、抛光剂和还原剂各在什么情况下使用？各自的作用是什么？

二、车蜡

汽车的车身漆面等同于汽车的外衣，一辆车看上去是新是旧，好不好看，很大程度上取决于它的车漆。因此，对车漆的护理十分重要，车身打蜡是汽车漆面护理中的一项重要作业，也是车主最大的美容需求。车蜡在保护车身漆层的同时，还使车漆表面保持亮丽的光泽。

1. 车蜡的作用

车蜡的主要成分是聚乙烯乳液或硅酮类高分子化合物，以及油脂和其他添加成分。这些物质涂覆在车身表面具有以下作用：

01 上光

上光是车蜡的最基本作用，打蜡可改善车身表面的光亮程度，使车身恢复亮丽本色。

02 隔离

车蜡可在车漆与大气之间形成一层保护层，将车漆与有害气体、有害灰尘隔离，起到屏蔽作用。车蜡可使车身表面的水滴附着减少60%～90%。高档车蜡还可使残留在漆面上的水滴进一步平展，呈扁平状，最大限度地减少水滴对阳光的聚焦，使车漆得到保护。

03 抗高温

车蜡可以对来自不同方向的入射光产生有效反射，降低入射光照射产生的热量，防止漆面老化变色。

04 防静电

车蜡防静电作用的原理是隔断尘埃与车身表面金属的摩擦。由于涂覆蜡层的厚度及车蜡本身附着能力不同，不同车蜡的防静电作用有一定的差别。防静电车蜡的防静电能力优于普通车蜡。

05 防紫外线

车蜡的防紫外线作用与抗高温作用是并行的。紫外线的特性决定了紫外光较易于折射进入漆面，车蜡可有效防止紫外线的折射，使其对车身表面的侵害得到最大限度地降低。

06 研磨抛光作用

含研磨材料的车蜡还具有抛光作用，可改善漆面的光洁程度。

2. 车蜡的种类

按其物理状态的不同可分为固体蜡、半固态蜡、液体蜡和喷雾蜡四种。这些车蜡的黏度越大，光泽越艳丽、持久性越强，但去污性越弱，而且打蜡操作越费力。相反，黏度越小的车蜡越便于使用，但持久性越弱。

车蜡按装饰效果不同分为无色上光蜡和有色上光蜡。无色上光蜡主要以增光为主，有色上光蜡主要以增色为主。

车蜡按生产国别不同分为国产车蜡和进口车蜡。目前，国产车蜡基本上都是低档蜡，进口蜡大多为中高档蜡。

车蜡按其功能不同分为上光蜡和抛光研磨蜡两种。上光蜡的主要添加成分为蜂蜡、松节油等，其外观多为白色或乳白色，主要用于喷漆作业中表面上光。抛光研磨蜡主要添加成分为地蜡、硅藻土、氧化铝、矿物油及乳化剂等，颜色有浅灰色、灰色、乳黄色及黄褐色等，主要用于浅划痕处理及漆膜的磨平作业。

知识拓展

正确选用车蜡非常重要，选择原则如下：

1. 中高档轿车应选用高档车蜡，普通轿车应选用一般车蜡。

2. 新车或新喷过漆的车辆，应选用上光蜡，以保持车身漆面的光泽和颜色；旧车可选用抛光研磨蜡进行抛光处理后，再用上光蜡上光。

3. 夏季一般光照较强，应选用防高温、防紫外线能力强的车蜡。

4. 沿海地区应用防盐雾功能较强的车蜡，化学工业区应选用防酸雨功能较强的车蜡；多雨地区应选用防水性能优良的车蜡，光照好的地区应选用防紫外线、抗高温性能好的车蜡，行驶环境较差应选用保护作用突出的树脂车蜡。

5. 白色、黄色和银色等浅色的车身应选择浅色系列的车蜡，红色、黑色和深蓝等深色的车身应选择深色系列的车蜡。

3. 打蜡时机

车辆行驶的环境和停放的场地不同，气候的差异，所采用打蜡产品的质量不同，打蜡的时间间隔也有所不同，车主应掌握好打蜡的频率。一般一个月一次或两个月三次为宜，最好不要超过两个月打一次。

判断汽车是否需要打蜡，可以用手触摸车身，感觉不光滑时往车身上泼水，如果车身漆面表面没有水珠，水滴迅速散开，说明漆面已经没有蜡脂了，就需要进行打蜡了。

刚打蜡的漆面

蜡脂不足的漆面

提示

打蜡操作对车漆有一定的磨削作用，频繁打蜡或者不打蜡都是错误的。车蜡越贵，打蜡效果不一定越好。

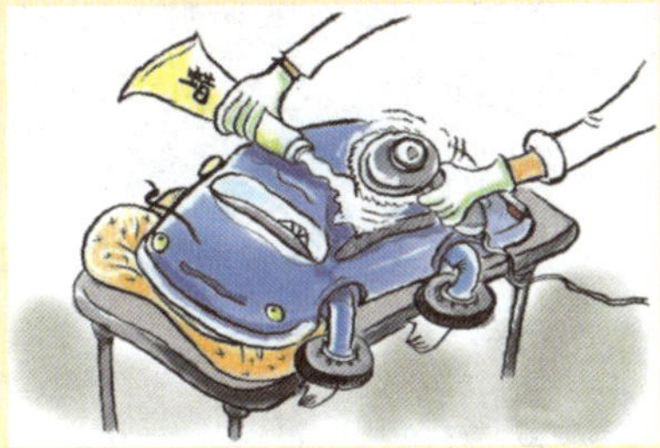

三、研磨、抛光、打蜡设备

1. 研磨/抛光机

研磨/抛光机是一种集研磨和抛光功能于一体的设备，安装研磨盘可以进行研磨作业，安装抛光盘可进行抛光作业，俗称抛光机。其工作原理是：电动机带动安装在抛光机上的海绵或羊毛抛光盘旋转，由于抛光盘和抛光剂共同作用于被抛平面进行摩擦，可达到除去漆面污染、氧化层、浅划痕的目的，并可提高漆面光亮度。

（1）羊毛抛光盘

羊毛抛光盘为传统式磨削材料，研磨能力强，研磨后会留下旋纹。其一般用于普通漆的研磨和抛光，用于透明漆要技术非常熟练才行，否则极易漏底。羊毛抛光盘一般分为白色和黄色两种，抛光盘底部有自粘贴，可实现抛光盘的快速转换。一般白色的羊毛抛光盘磨削力强，能去除漆面严重瑕疵，配合粗蜡打磨快速去除橘皮或修饰研磨痕；黄色的羊毛抛光盘磨削力较白色要弱一些，配合细蜡来抛光蜡面，去除漆面粗蜡抛光痕及轻微伤痕。

（2）海绵抛光盘

海绵抛光盘磨削力较羊毛抛光盘弱，不会留下旋纹，能有效去除漆面的中度瑕疵。抛光盘底部有自粘贴，可快速转换抛光轮，用于车身普通漆和透明漆的研磨和抛光，一般用于羊毛抛光盘之后的抛光、打蜡。建议抛光机的转速不要超过 3 000 r/min，一般为 1 500～2 500 r/min。

海绵抛光盘按颜色一般可分为三种。

黄色盘：一般作研磨盘，质硬，用以消除氧化膜或划痕。

白色盘：一般作抛光盘，质软、细腻，用以消除发丝划痕或抛光。

黑色盘：一般作还原盘，柔和，适合车身为透明漆的抛光和普通漆的还原。

(3) 使用方法

1) 研磨机开关机时决不能接触工作表面。

2) 作业时，右手紧握直把，左手紧握横把，由左手向作业面垂直用力，转盘与作业面保持基本平行。

3) 在抛光机完全停下前，不要放下抛光机。

4) 不要对太靠近边框、保险杠和其他可能咬住转盘外沿的部位进行作业。

5) 应时刻注意抛光机的电线，防止将电线卷入机器。

6) 抛光时，应注意不要让灰尘飞到脸上，而应使其落向地面。

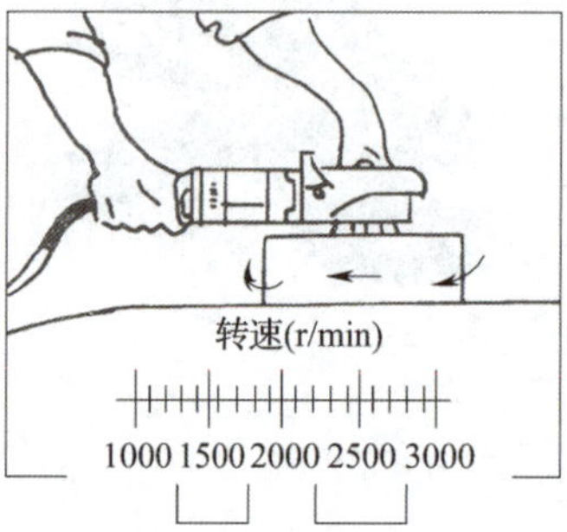

高速运转

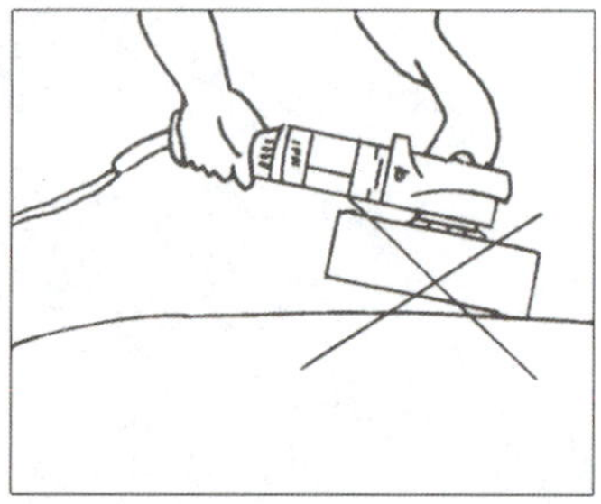

错误

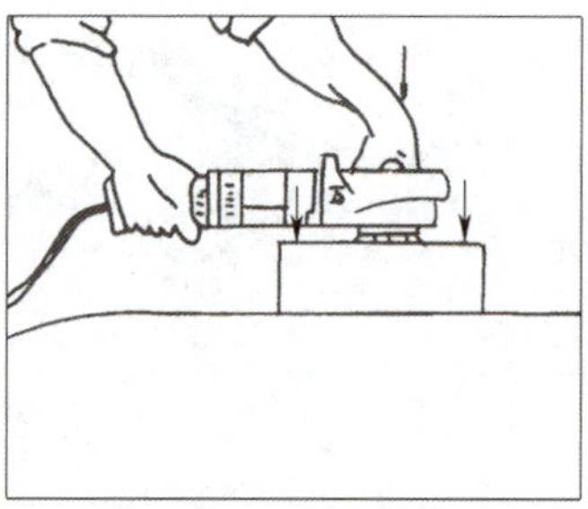

向下用力

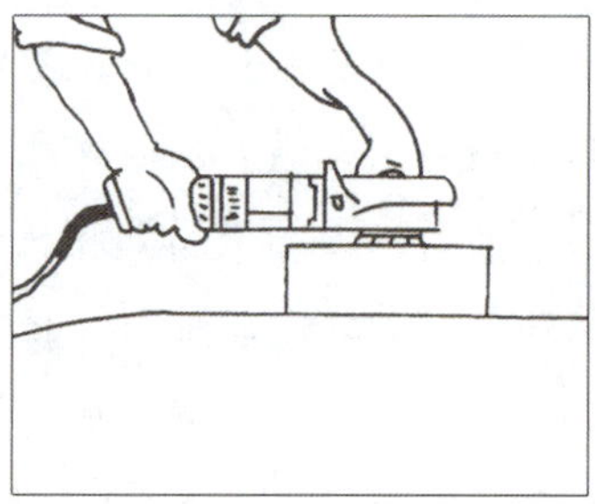

正确

2. 打蜡机

打蜡机是汽车漆面美容最主要的设备之一，基本上都是电动的，外形为圆形。打蜡机必须与打蜡盘套配合使用，打蜡盘套衬有皮革底的羊毛套，将蜡均匀地涂抹于车体。

打蜡机主要用作汽车的漆面护理和打蜡。将打蜡机配上相应的抛光盘，也可用于抛光。

使用方法：

(1) 上蜡。使用打蜡盘套上蜡时，将液体蜡转一圈倒在打蜡盘上，每次按 0.5 m^2 的面积涂匀，直至打完全车。

（2）凝固。上完蜡后，等待几分钟使车蜡凝固。

（3）安装检查抛蜡盘套。将抛蜡盘套装上，确认绒线中无杂质。

（4）抛光。打开打蜡机，将其轻放在车体上横向（或纵向）进行覆盖式抛光，直至光泽令人满意。

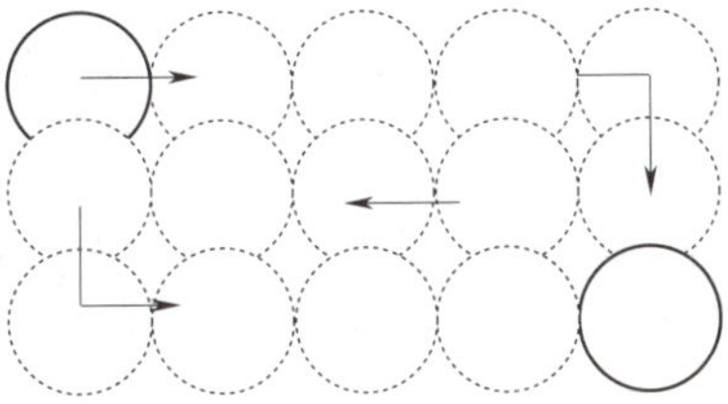

四、划痕的处理方法

操作提示：

划痕的处理方法主要是对划痕进行抛光，操作时要注意以下几点：

1. 控制好抛光机的速度，不可以超过规定的转速范围。

2. 抛光剂应涂在待抛表面，不可涂在抛光盘上。

3. 抛光剂涂抹面积要适当，既要便于操作，又要避免不能及时抛光而干燥。

4. 抛光时要掌握施加的压力和移动速度，漆面损伤或缺陷严重的部位施加的压力稍重，移动速度要慢，用力去时重、回时轻，棱角处抛光要轻，来回抛光的速度要快。

5. 抛光时要有一定的方向次序，不可乱抛，特别是手工抛光时，一定要适应车身的外形直线抛光，不可画圆圈。

6. 抛光时要及时洒水，最好是雾状喷洒。

7. 抛光时宁可轻抛不可重抛，宁可慢抛不可快抛，绝对不能抛露漆面。

8. 更换抛光剂时，应及时更换抛光盘，不可混用。

9. 严禁使用羊毛抛光盘进行镜面处理。

1. 发丝划痕的处理方法

1. 用脱蜡洗车剂将车身表面洗净、晾干。	
2. 将抛光剂挤在划痕部位。	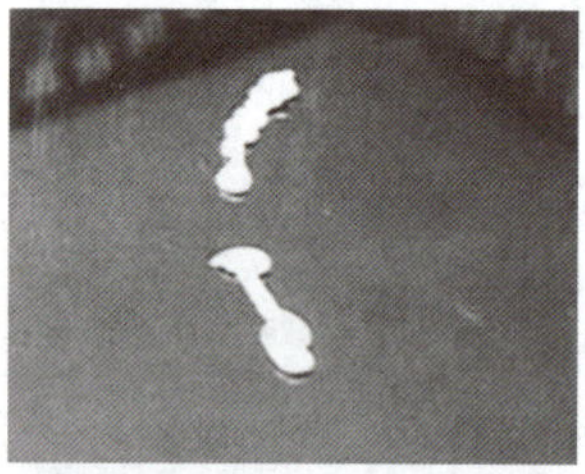
3. 使用抛光海绵在划痕处均匀擦拭。用力要适中，按照一定的顺序循环擦拭，直到车漆光亮为止。	
4. 用干毛巾擦掉剩余的抛光剂，会发现划痕已经不见了。	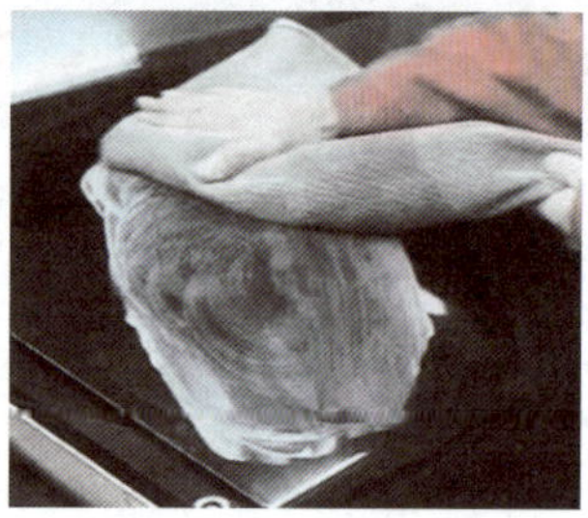

2. 中、微度划痕的处理方法

1. 在划痕处喷上适量的洗车液。	

续表

2. 先用 2000 号砂纸轻磨划痕处，用力均匀。	
3. 磨好后，在上面抹上抛光剂。	
4. 先用抛光机，使用羊毛抛光盘，将抛光剂涂抹均匀，然后在划痕的位置进行抛光。	
5. 挤上少许增光剂。	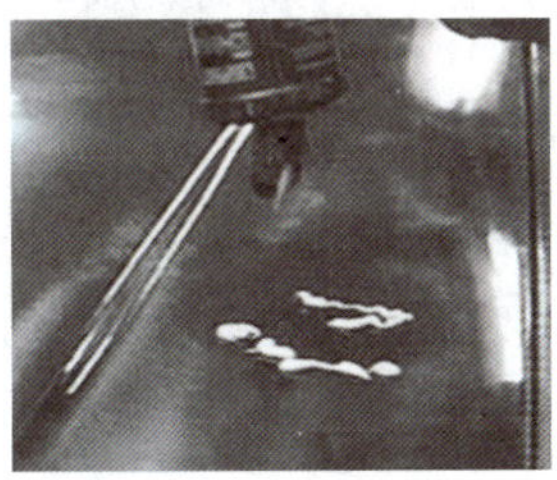
6. 用海绵抛光盘进行增光处理，反复抛光，处理完成后可以发现划痕已经不见了。	

知识拓展

车身漆面划痕可以分为5种。

1. 发丝划痕：洗车、擦车或轻微摩擦而产生的细划痕，未穿透透明漆，一般手感觉不出凹痕处。

2. 微度划痕：比发丝划痕要深，虽穿过透明漆层但未穿透底色漆层。

3. 中度划痕：可见底色漆，但未划破底色漆层。

4. 深度划痕：可见电解漆层，但未伤及金属。

5. 创伤划痕：使金属受到严重伤害的划痕。

其中，深度划痕与创伤划痕属于修复性美容。

五、打蜡工艺

1. 清洗

按车身清洗操作工艺来处理即可，必须做到车表清洁无水分。

2. 上蜡

上蜡可分为手工上蜡与机器上蜡两种。目前市场上较多的运用手工上蜡，其方法简单易行，可控性强，对于边角、棱角、外角处上蜡抛光更为容易。机器上蜡则突出效率高的特点。

(1) 手工上蜡

首先将适量的车蜡涂在海绵上，然后按一定的顺序涂抹车身，手的力度必须均匀。手拿海绵的正确方法是：以大拇指和小拇指夹住海绵，以手掌及其他三个手指按住海绵，进行均匀的环形画圈涂抹，每道涂抹最好重叠1/5～1/4，防止遗漏。画圈涂抹的经典顺序是右前发动机舱盖→右前翼子板→右前车门→右后车门→右车顶→右后翼子板→行李箱。左侧车身与右侧车身顺序相同，如果两人结合效果会更好。

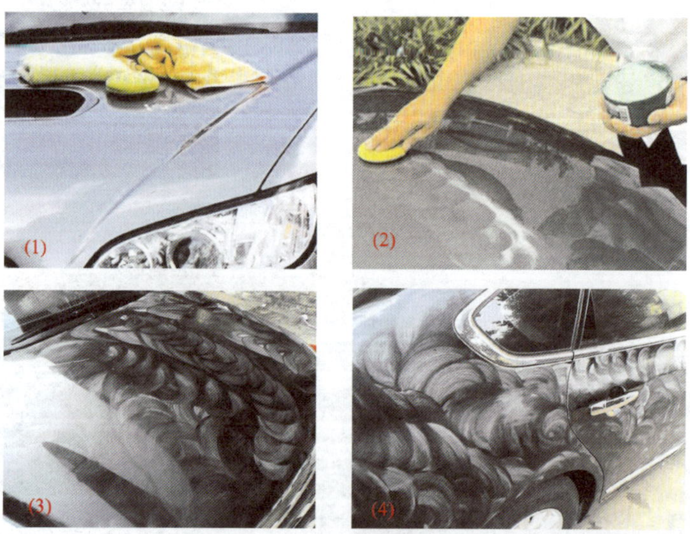

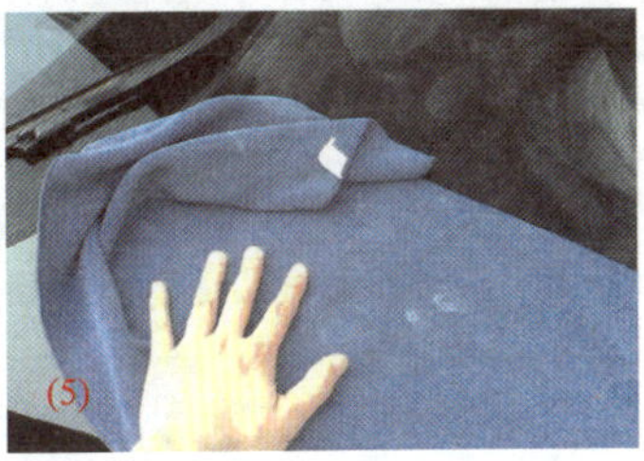
(5)

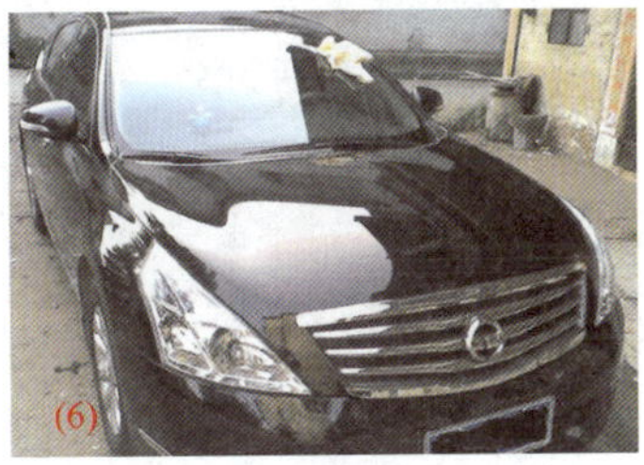
(6)

(2) 机器上蜡

机器上蜡时将选定的车蜡涂在打蜡机的海绵上，具体上蜡涂抹过程与手工上蜡相似。打蜡机转速控制在 150～300 r/min 为宜。需要注意的是对于边角等不易机器上蜡的地方的处理，同时对于不应上蜡的地方（如玻璃、保险杠等）也需小心。

车身打完蜡后，会在车灯、车牌、玻璃、门缝处残留下一些车蜡，需及时清除。

3. 抛光

根据不同车蜡的说明，一般上蜡后 5～10 min 蜡表面开始发白，用纯绵毛巾擦拭一下，如果有光泽出现即可进行抛光处理。抛光也有手工抛光与机器抛光两种。手工抛光是由操作人员用纯绵毛巾以一定的力度按原上蜡的顺序进行直线往复运动抛光，通过挤压形成蜡膜，并清除剩余的残蜡。用抛光机进行机器抛光时，需待车蜡完全干燥，将抛光盘套上，平放在车身上，作横向或纵向覆盖式抛光，直到出现镜面效果。注意：打蜡抛光时，抛光机转速控制在 1 000 r/min 以下为宜。

操作提示

1. 工作环境要干净，最好在车间内。
2. 应在阴凉处工作，最好不要在烈日下工作。
3. 上蜡时不可将车蜡倒在车身上乱涂，机舱盖温度高的情况下不要打蜡。
4. 打蜡运行路线是直线往复形，不宜环形涂抹。
5. 上蜡应从上到下。
6. 上蜡时若海绵块上有颜色，说明漆膜损伤，应停止。
7. 抛光作业应在上蜡后规定时间后进行，并按原上蜡顺序做往复运行进行抛光。切忌未抛光的车辆上路行驶，否则车蜡附着尘土等杂质，再抛光时不易抛且会造成漆面划伤。

8. 结束后应仔细清除残蜡，防止产生腐蚀。

9. 处理好收尾工作。设备及用品要作适当的清洁处理，妥善保管。

10. 要掌握好打蜡的频率。由于汽车行驶、停放环境及打蜡时所用的蜡的质量等因素不同，打蜡间隔时间也不同。

任务实施

一、手工打蜡

1. 洗车。首先按照正确的洗车程序洗净车身。

2. 上蜡。待车身上的水迹完全干后，在打蜡专用的海绵上倒上一条蜡。

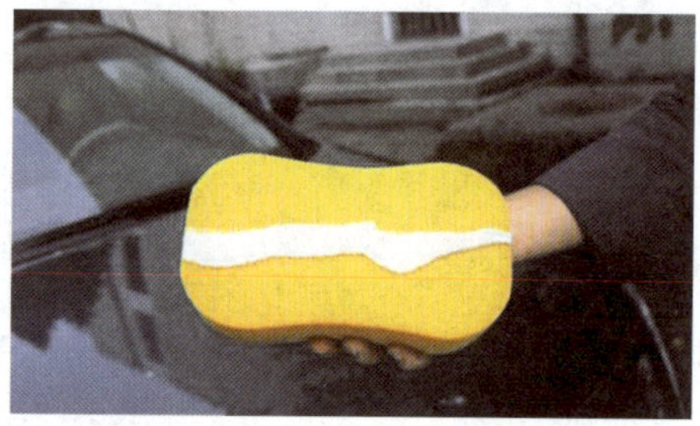

3. 打蜡。方法主要有直线打蜡和转圈打蜡两种。但不论选用哪种方法，都需用海绵在车身有漆表面均匀涂蜡。

4. 擦拭。应尽量避免将蜡涂到没有漆膜的部位上（如车身上一些塑料部件），万一涂到应马上用干净毛巾擦干净。

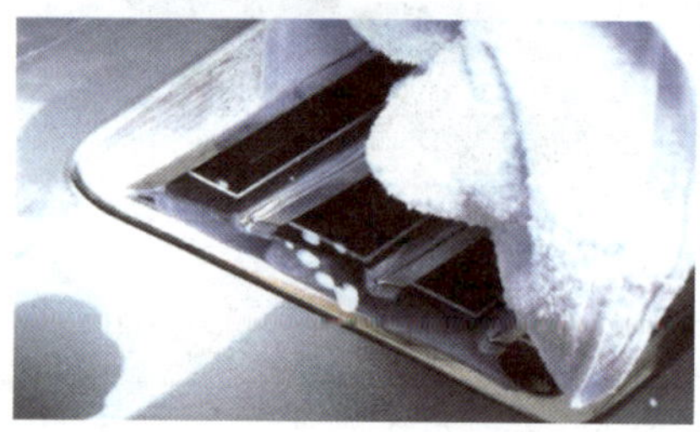

5. 抛光。

二、机器打蜡

1. 将车子冲洗干净。

2. 用毛巾擦净车身。

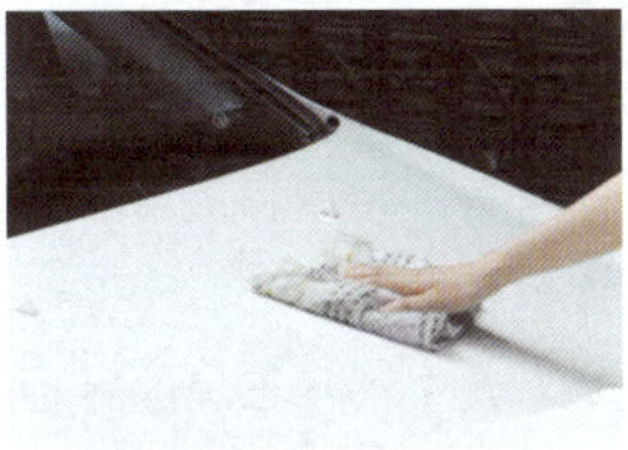

3. 将打蜡机套上毛巾罩。

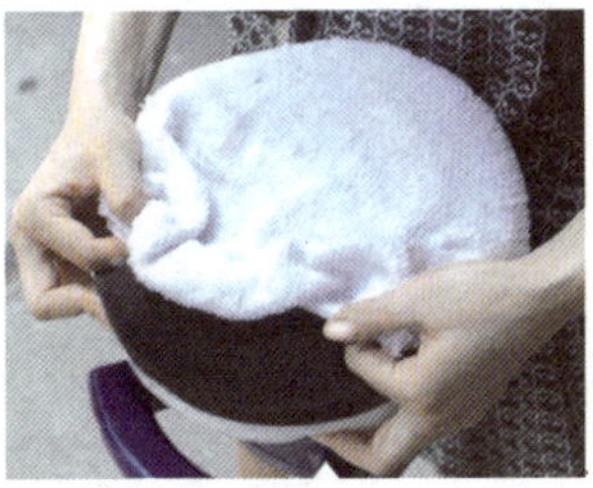

4. 将适量的蜡均匀涂抹在车身上。

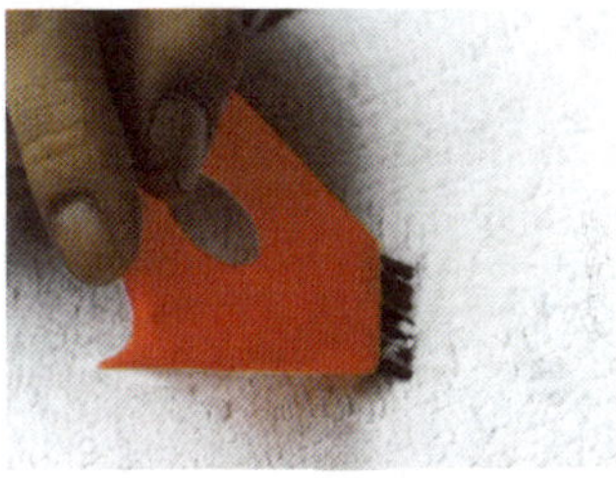

5. 接通打蜡机电源。

6. 按下开关，沿机舱盖以十字形大范围打蜡。

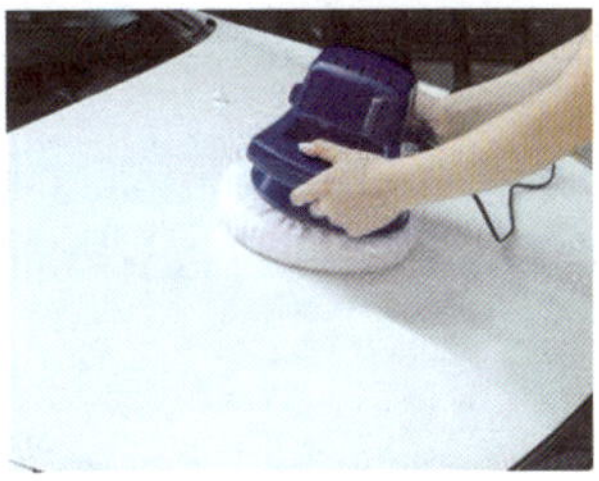

7. 沿车身侧面以十字形大范围打蜡。

8. 将毛巾罩换成羊毛纤维罩，如打蜡一样抛光。

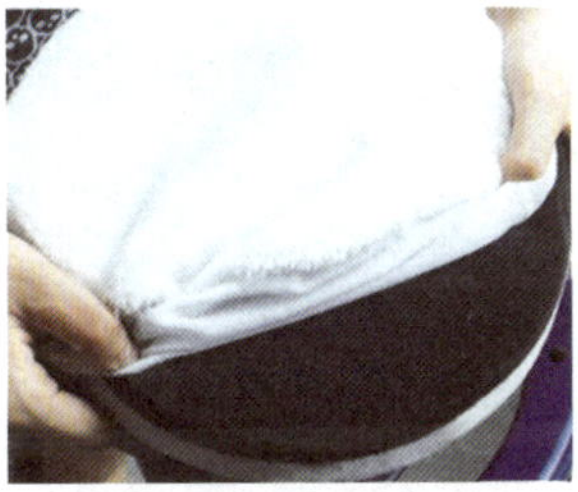

9. 在机舱盖上进行抛光。

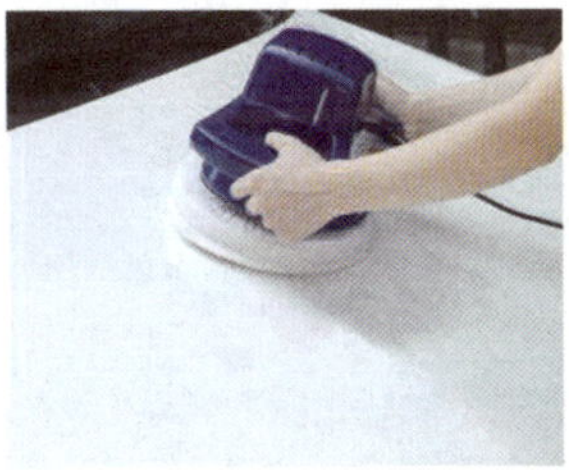

10. 在车身侧面进行抛光。

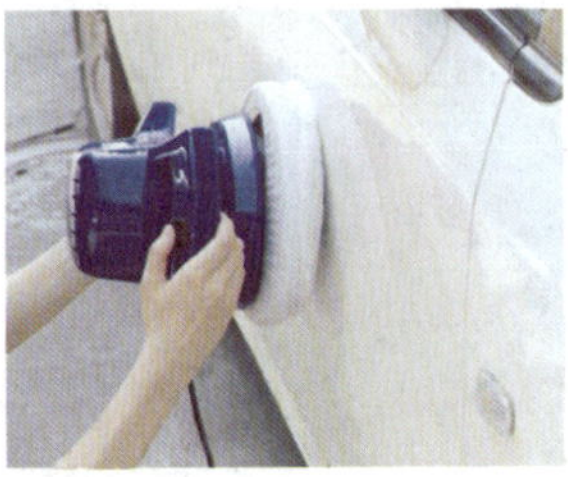

课题2 汽车封釉

学习目标

1. 了解封釉的特点和使用产品。
2. 掌握封釉的工艺。
3. 能够对汽车进行正确的封釉护理。

任务准备

一、封釉的概念

釉是一种高分子结构的漆面保护剂，对漆面具有较强的渗透力。所谓封釉就是用柔软的羊毛或海绵通过振抛机的高速振动和摩擦，利用釉特有的渗透性和黏附性把釉分子强力渗透到汽车表面油漆的缝隙中去。

封釉是打蜡的替代品，一般封釉之后半年之内可不用打蜡。

二、封釉的特点

汽车打蜡和封釉护理同为汽车美容、保护汽车漆面光泽的护理手段。在功能上，二者有相同的地方，但与汽车打蜡相比，汽车封釉有着自身明显的优势。

01 釉剂不溶于水

汽车打蜡时所使用的蜡都是溶于水的，因此如果汽车刚刚打完蜡后碰上阴雨天气，打上的蜡就会被雨水所溶解，起不到保护漆面和美容的作用。同时由于蜡可溶于水，打蜡后也给洗车造成了诸多不便。而釉剂使用后会在汽车漆面渗透，并形成带固化剂的液体玻璃表面，而且层层积累，不溶于水。因此，汽车封釉后，不用担心被水溶解，可以长期保护汽车漆面。

02 不损坏原有漆面

与打蜡相比，封釉的第二个优点是不会损害汽车漆面。由于汽车打蜡都要先洗车后打蜡，频繁的洗车自然会对汽车漆面造成危害，久而久之就会使漆层变薄。釉剂在汽车漆面表层附着并以透明状硬化，相当于给汽车漆面穿上一层透明坚硬的保护衣，因此可以起到保护汽车漆面的作用。

03 保护时间长

汽车封釉之后可以保护漆面一年左右，同时避免了经常洗车的烦恼，汽车表面的灰尘可以轻松擦去。

04 独有的漆面保护性和还原性

釉剂具有独有的漆面保护性和还原性，从而达到从根部护理，有效去除污垢，渗透填塞漆孔的功能。

总之，汽车封釉如同给汽车上一层“隐形玻璃车衣”。实验表明：汽车封釉后，漆面可以经受高达320℃的高温；而在硬度方面，如果以金刚石的硬度为10分，那么漆面的硬度为0.4分，而封釉后的硬度达到7分左右。

三、封釉产品

汽车釉实际上是一种从石油副产品中提炼出来的抗氧化剂，主要是有机硅类化合物，将它们施工到汽车漆面上，能够起到防酸抗腐、耐磨耐热耐水洗、提高光泽度等作用。

目前市场上的釉产品大多含有石油成分，这些成分在超过产品有效期之后会变成一层氧化层腐蚀车漆。

为了对以往封釉产品的上述缺陷进行改进，一些釉产品采用变性硅为核心材料，不添加任何石油成分，与空气中的二氧化碳反应后，形成一层不氧化的保护膜，牢牢附在车漆表面，由于其具有不氧化、时效性长等特点，是封釉产品的一次巨大技术突破。

封釉产品很多，价格各不相同，质量也不一样，封釉时要根据车的档次选择。

四、封釉设备及工具

名称	图示	说明
封釉振抛机		封釉的专用电动或气动工具，其使用方法与抛光机相似。封釉振抛机一般采用吸盘式封釉波纹海绵轮与封釉振抛机的托盘相连，封釉效果较好

续表

名称	图示	说明
红外线烤灯		在气温比较低的情况下，使用红外线烤灯可以使车身封釉快速干燥
纸胶带		粘贴车缝、金属件、橡胶件等无须封釉的地方

五、封釉工艺

01 清洁

在一般清洗流程基础上加去静电清洗，若仍有残蜡需用开蜡水进行去蜡清洗，若有沥青等顽固污渍则按特种清洗方法进行清洗。

泡沫清洗

清水冲洗

擦车

02 黏土去污

由于长期积存的尘土、胶质、飞漆等脏污很难靠清洗来完全去除，所以经过清洗的车漆表面仍然是毛毛糙糙的，这就需要用黏土进行全面的去污处理。

黏土去污后必须再次进行清洗。清洗后，要用纸胶带把车身上所有与漆面相邻的金属件、橡胶件等无须封釉的地方遮盖起来，以防釉粘在上面不好去除。

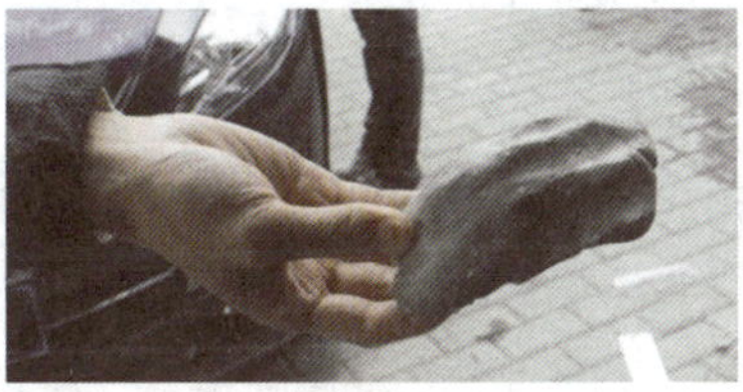
黏土去污

胶带遮盖

知识链接

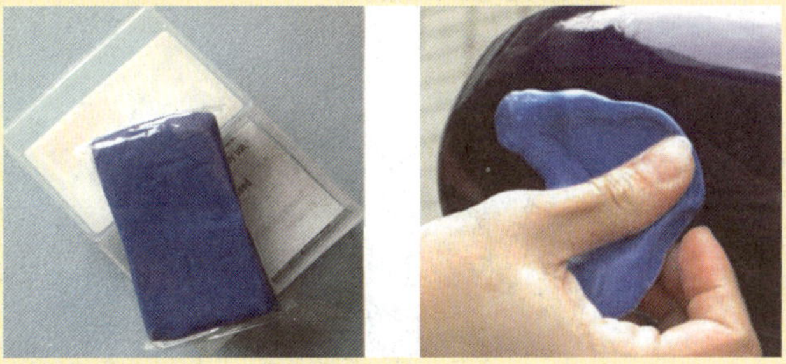

黏土又作粘土，是颗粒非常小的可塑的硅酸铝盐，一般由硅酸盐矿物在地球表面风化后形成。黏土与适量的水混合后形成泥团，在外力的作用下，泥团发生变形但不开裂，外力散去后，仍能保持原有形状不变。

用黏土制作成的泥土（俗称去污泥、洗车泥）可以去除车身上的脏污，经反复擦洗，可以粘除车体上的自然氧化、水垢、鸟粪、酸雨、树液以及不当护理的残留物质。

03 抛光

封釉前的抛光处理是为了去除漆面氧化层，将釉能够封在车漆的表面。车漆的微孔隙中有许多脏物，直接影响釉的附着性。使用柔软的兔毛轮，配以静电抛光剂进行漆面研磨，用以除去汽车漆面附着的杂物和氧化的层面，使细微的伤痕拉平添满。在低速抛光时，通过静电吸附作用将污物从毛孔中吸出，彻底清洗漆面。

使用粗抛光剂配以粗抛海绵轮，对抛光机施加中等压力，保持抛光速度 1 800 r/min 左右，以去除漆面的各种缺陷。

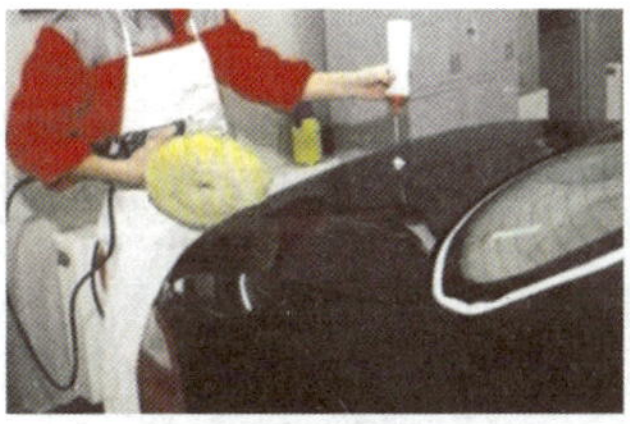
涂抹抛光剂

抛光

04 增艳

将抛光机装上波浪海绵盘，配合使用特种增艳还原剂进行高速抛光。操作时，对抛光机略施压力，匀速对漆面的缺陷进行处理，以取得光亮耀眼的镜面效果。

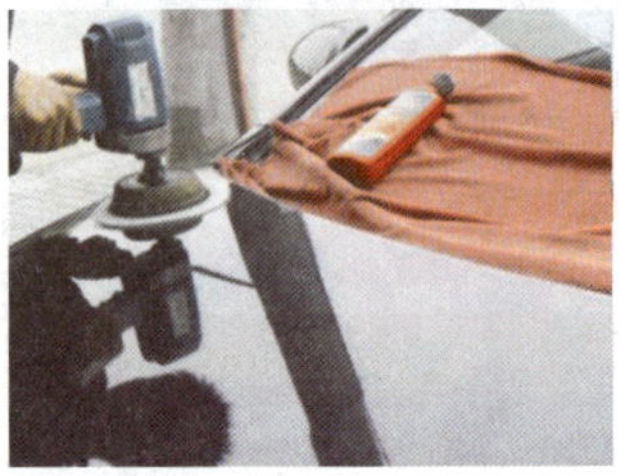

05 清洁

增艳处理后，为了使上釉的效果更好，需要再次彻底清洁漆面，清除增艳还原剂，保证漆面干净、干燥、无污物。

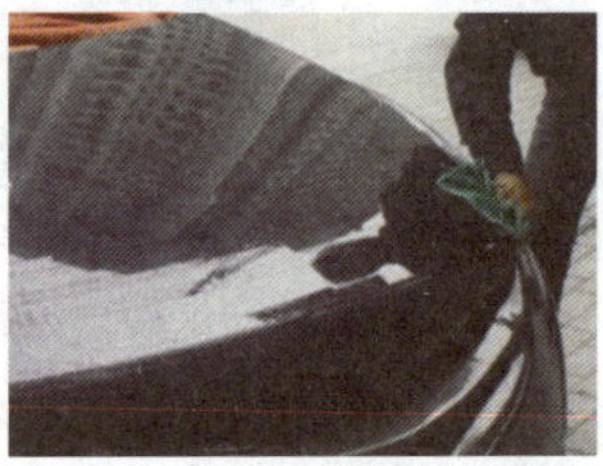

06 上釉

这是汽车封釉美容的关键步骤。将产品充分摇动均匀，倒在振抛机上（也可直接倒在车身上），在专用振抛机的挤压下，晶亮釉被深深压入车漆的毛孔之内，形成牢固的网状保护层，附着在车漆表面。振抛完毕，用干净的软布擦拭车身。

倒釉

振抛

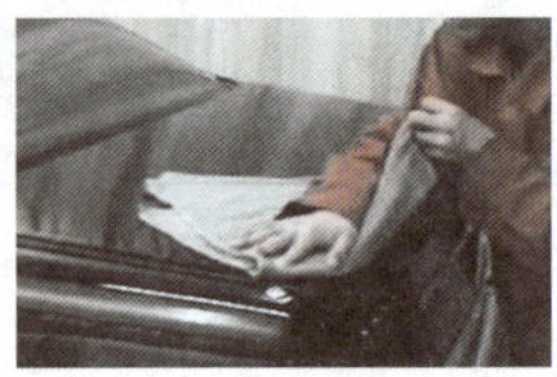

擦拭

07 无尘打磨

无尘打磨也称为镜面处理。操作时用无尘纸打磨一遍车身，让车漆如镜面般光亮。封釉后车身上的细小划痕都会遮盖住，把纸胶带、报纸等撕掉，并用麂皮或专业无尘纸处理干净被粘贴表面。

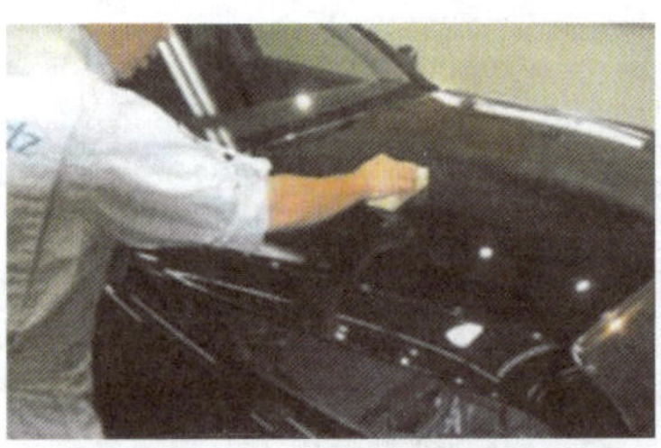

操作提示

1. 需在无尘室内进行封釉处理。

2. 必须将漆面附着物抛掉，避免氧化层在漆面和釉面之间形成隔离，影响封釉效果。

3. 封釉后 8 h 内切记不要用水冲洗汽车，因为在这段时间内，釉层还未完全凝结并将继续渗透，冲洗将会冲掉未凝结的釉。

4. 做完封釉美容后可尽量避免洗车，产品可防静电，一般灰尘用干净柔软的布条擦去即可。

5. 做了封釉美容后不要再打蜡，因为蜡层可能会黏附在釉层表面，再追加上釉时会因蜡层的隔离而影响封釉效果。

6. 由于釉的品质不同以及路况、环境的影响，一般 2 个月到半年封一次釉效果最好。

任务实施

1. 按清洗程序清洗车身。

2. 作业前，需将车身上的橡胶件用纸胶带隔绝保护。

3. 大灯周围也用纸胶带隔绝保护。

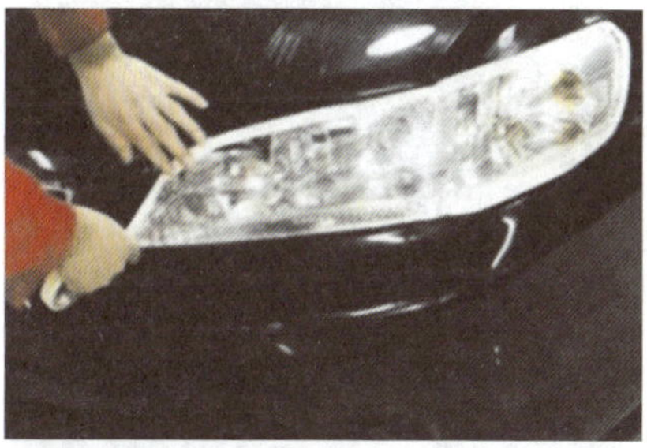

4. 调试抛光机。

5. 从车顶开始依次进行抛光。

6. 抛光时先在漆面上涂抹抛光剂。

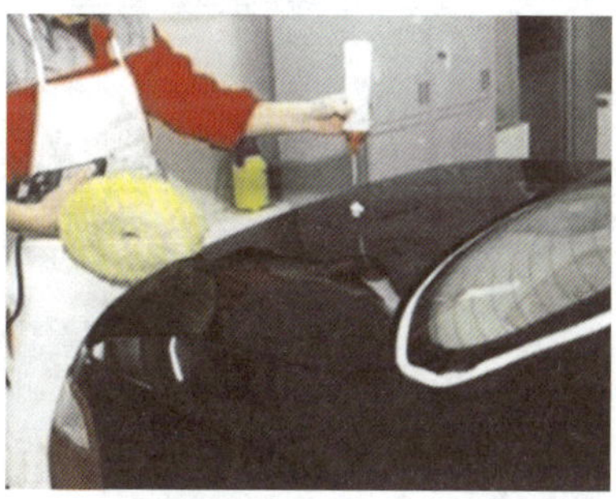

7. 在小范围内多次进行抛光。

8. 面对一些划痕严重的区域要多使用一些抛光剂。

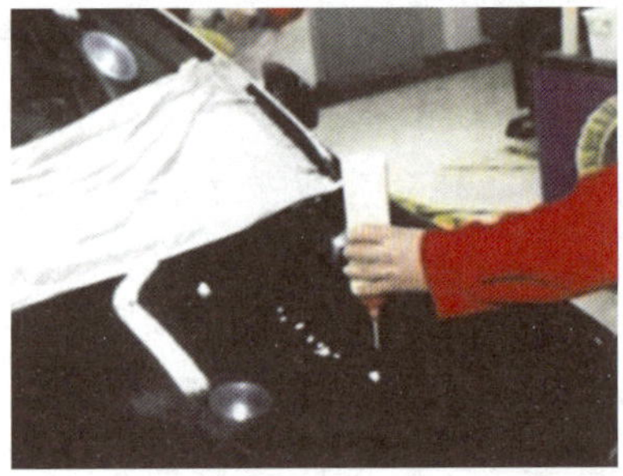

9. 抛光机应与车漆表面呈一定角度。

10. 两位技师一起工作。

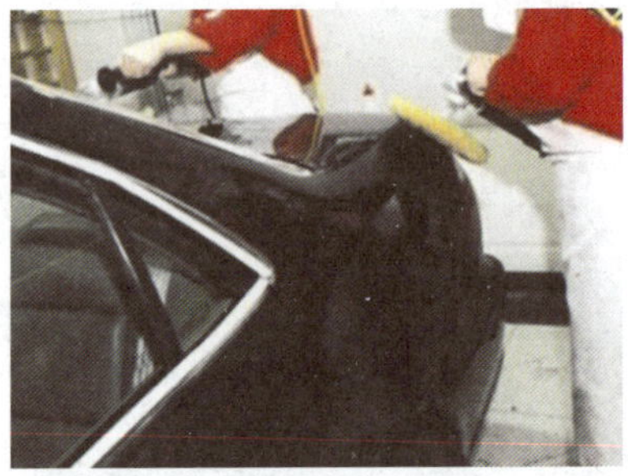

11. 抛光之后会在车漆表面留下残留物。

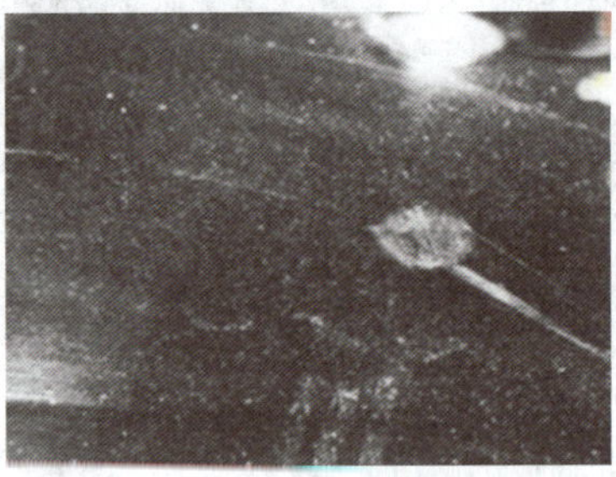

12. 使用干净的软布将表面的残留物擦干净。

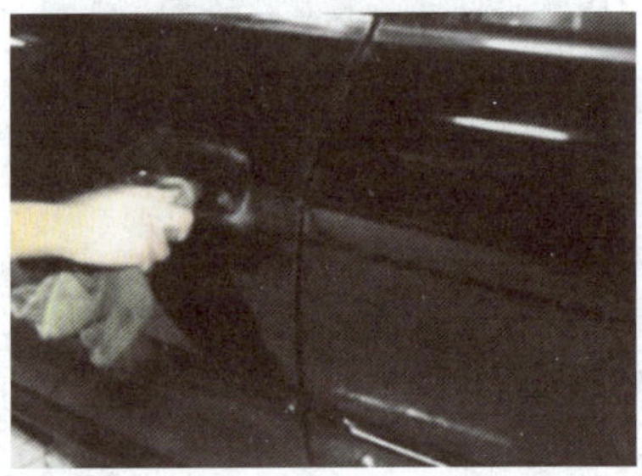

13. 抛光之后，开始封釉作业。

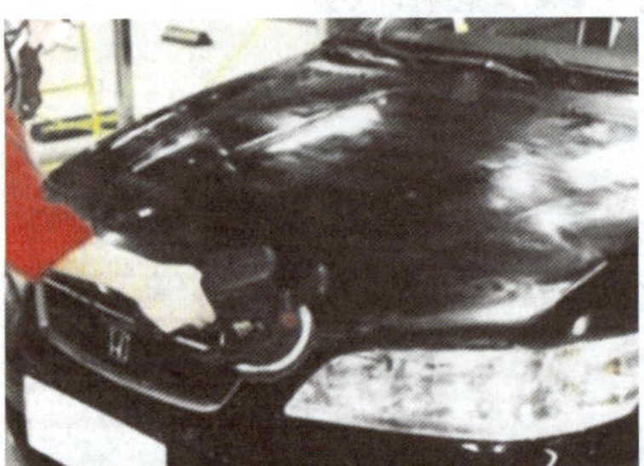

14. 若气温较低，需要用烘烤机来进行加热处理。

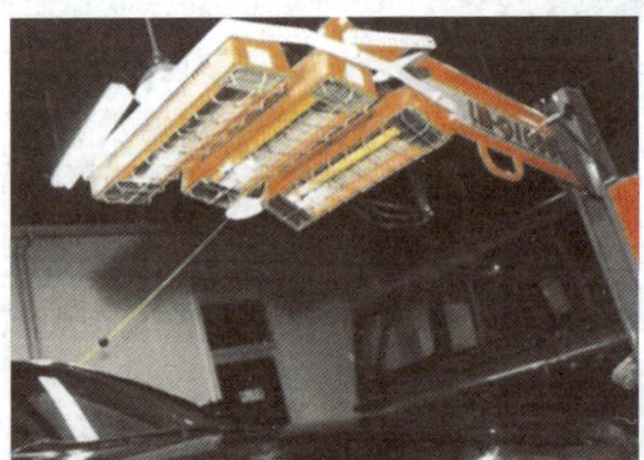

15. 为了能让釉更好地渗透到车漆中，应对车漆进行加热。

16. 封釉后的效果。

课题3　汽车镀膜

学习目标

1. 了解镀膜的作用和使用的产品。
2. 掌握镀膜的工艺。
3. 能够对汽车进行正确的镀膜护理。

任务准备

汽车镀膜就是在汽车漆面上涂上一层薄膜，保护汽车漆面的光泽度，达到保护漆面的目的。

一、镀膜的作用

01 防紫外线

漆面镀膜能够有效防止紫外线辐射，延缓汽车漆面老化，长期保持漆面光泽。漆面镀膜的汽车，车漆的光泽度较未做的新车漆面提高27%，并且能够保持漆面长久不褪色。

02 抗酸碱

镀膜可有效地防止酸碱物质的侵蚀。若酸雨、昆虫、鸟粪等较强酸性物质掉在漆面上，在48 h之内用清水即可冲洗清除。

03 超强表面硬度

镀膜后的漆面具有超高的硬度，可以有效地防止一般性的漆面损害。

04 不粘性

漆面镀膜可以减少污物在漆面的吸附，减少粘在车漆表面的污物，最大限度地保护车漆光泽。

二、镀膜产品

01 玻璃纤维素镀膜

玻璃纤维素是一种高分子材料，因为其具有高密度的化学特性，所以被应用在汽车美容领域。玻璃纤维素镀膜具有光泽度高、抗氧化、耐酸碱、抗紫外线的特点，并把漆面与外界隔绝开来，起到了较好的保护作用。其缺点是不能提高漆面硬度，不能抵御物理性漆面损伤。

02 氟素类镀膜

优点是成膜性好，可以防腐蚀，防磨损的性能也十分好。缺点是附着性较差，几乎所有的物质都不与其粘合。因为它无法与漆面长时间保持附着，因而保护时间也短。

03 树脂镀膜

优点是成膜性好，附着性很强，价格便宜，所以被广泛使用。但是它的硬度和光泽度不太好，抗氧性能、抗腐蚀性能和耐候性很差，现在已基本淘汰。

04 无机纳米镀膜

这是近几年出现的镀膜新材料，由纳米无机材料配制而成，纳米材料独有的特性能给车漆提供完美的保护。纳米级别的粒子为球形，润滑性极高，因此施工后漆面手感极其润滑。材料中含氧化铝、氧化硅等天然宝石、水晶的主要成分，因此膜层的硬度、耐磨性极高，非常稳定，永不氧化，能长效保持漆面的镜面效果。该镀膜最大的特点是不但能隔绝漆面与外界的直接接触，起到防氧化、防水、防高温、防紫外线、防静电、防酸碱等基本作用，还能大大提升漆面的硬度和光泽度。

想一想

什么是打蜡？什么是封釉？什么是镀膜？三者有什么区别和联系？

三、镀膜工艺

1. 普通洗车。

2. 洗车泥洗车。

（1）方法

湿润洗车泥，用湿毛巾衬垫，在车漆表面湿润的的情况下，按块均匀用力，纵横交错，不遗漏的对车漆表面进行擦洗。

（2）次序

左侧车身：左侧车顶—左侧上边梁—左侧机盖—左侧前翼子板—左侧前门—左侧后门—左后翼子板—后备箱盖—后杠—前杠—下边梁。

右侧车身：右侧车顶—右侧上边梁—右侧机盖—右侧前翼子板—右侧前门—右侧后门—右后翼子板—后备箱盖—后杠—前杠—下边梁。

3. 去除铁粉。

车漆表面铁粉的主要来源是刹车系统。汽车漆面铁粉去除原理是利用不损害汽车漆面的化学制剂对汽车漆面上残留的各类铁粉、铁锈进行溶解以达到完全清除的目的。

4. 擦干车身表面。

5. 粘贴防护纸。

塑料件：天窗边缘、前挡上部胶条、大灯/尾灯边缝。

橡胶件：车门框边缝密封胶条、车门饰条等。

凸起件：门把手、前/后标志、天线、喷嘴等。

难清洁处：前挡雨刮器、前隔栅等部位。

6. 佩戴专业施工防护用具。

7. 抛光和还原。

8. 撕掉防护纸。

9. 脱脂。

脱脂的目的是去除车漆表面的油脂，以利于膜液的更好附着。具体方法是先把脱脂剂喷向专用海绵至捏出泡沫，再按顺序把脱脂剂喷向漆面，边喷边用海绵按先横后竖的顺序轻柔均匀地全面擦拭整个漆面，最后用下围海绵擦拭下围。

10. 镀膜。

11. 贴镀膜品牌标志。

操作提示

镀膜之前，需要对车漆进行有效的划痕处理：

1. 如果是旧车，漆面上会有很多划痕，需要进行抛光处理。

2. 如果是新车，用最柔软的海绵抛光盘加上最细的抛光剂进行处理，进行漆面修复、填充。另外，一般的镀膜，除非漆面特别恶劣，一般情况下也可以不做前期处理，但做完处理后效果会更好一些。

任务实施

1. 打开发动机盖散热。

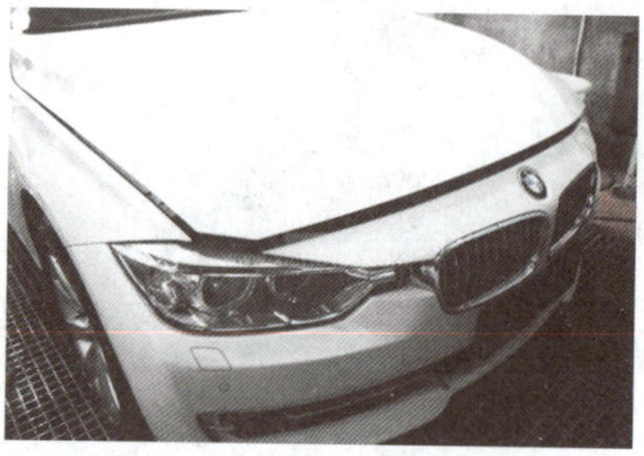

2. 用专门的清洁剂对车轮进行清洗。

3. 车子降温后，用高压水枪对车身进行冲洗。

4. 高压水枪冲洗之后，开始喷洗车香波。

5. 将车上的泡沫冲掉。

6. 用洗车泥擦洗。

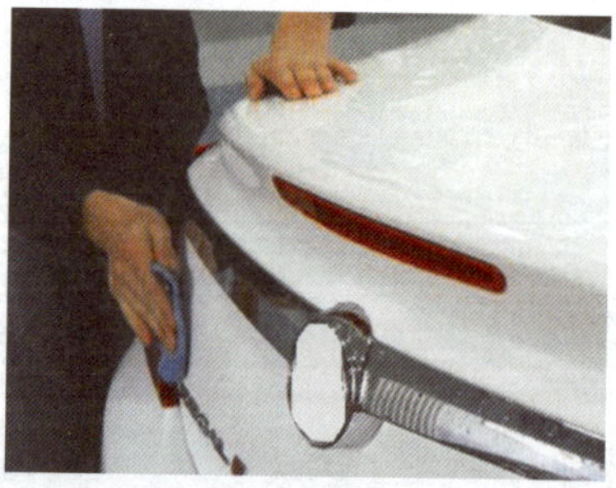

7. 再用水冲洗一次。

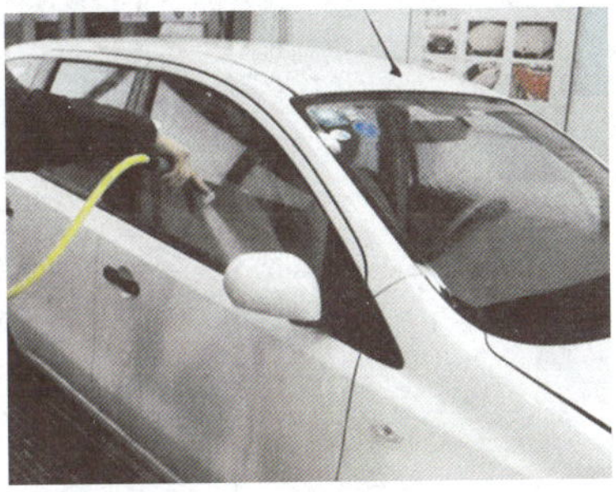

8. 擦干车身。

9. 用纸胶带将缝隙封闭。

10. 对漆面进行去除刮痕和还原处理。

11. 清除玻璃油膜。

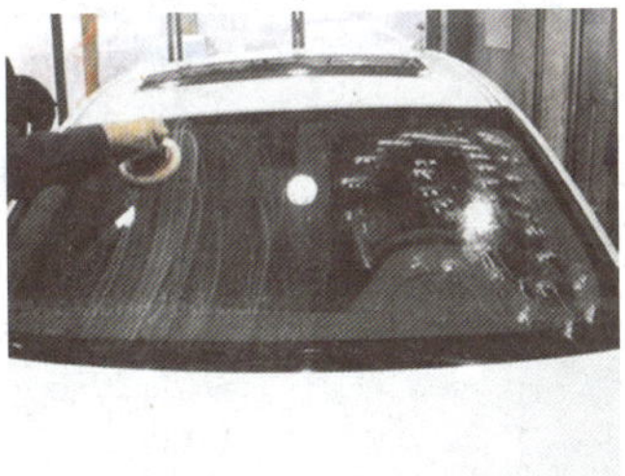

12. 用软水冲洗车身。

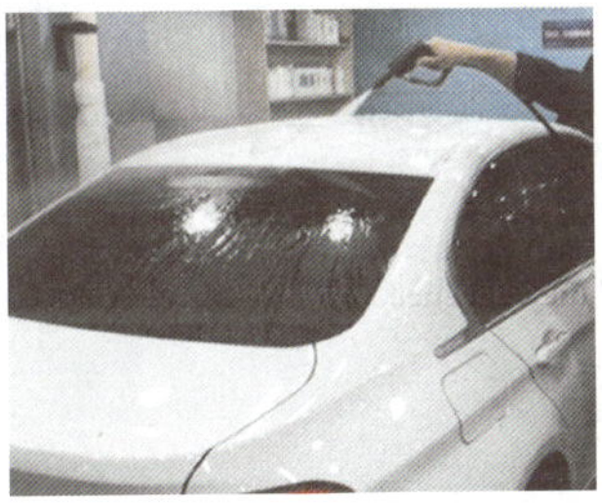

13. 擦（吹）干车身及缝隙。

14. 对轮毂镀膜。

15. 擦拭轮毂。

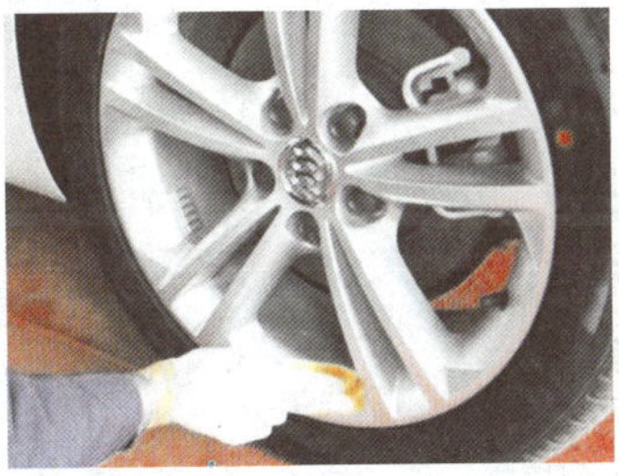

16. 对玻璃镀膜。

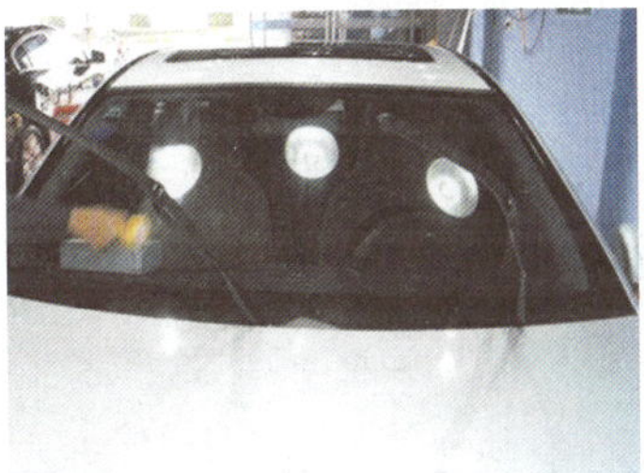

17. 擦拭玻璃。

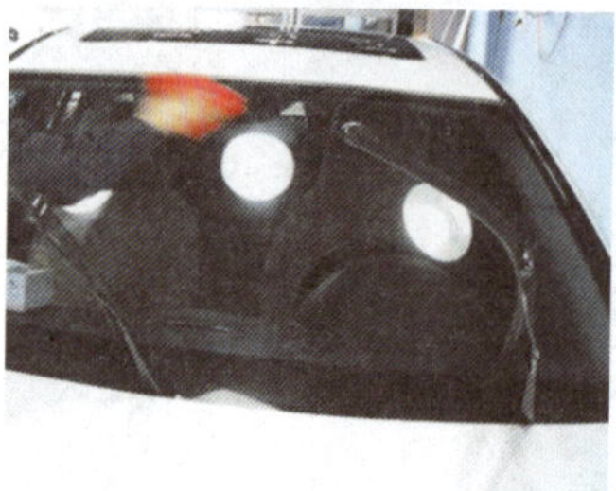

18. 对车身镀膜。

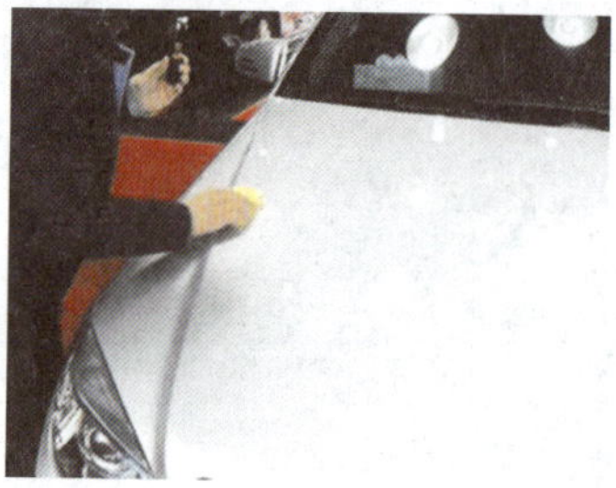

19. 擦拭车身。

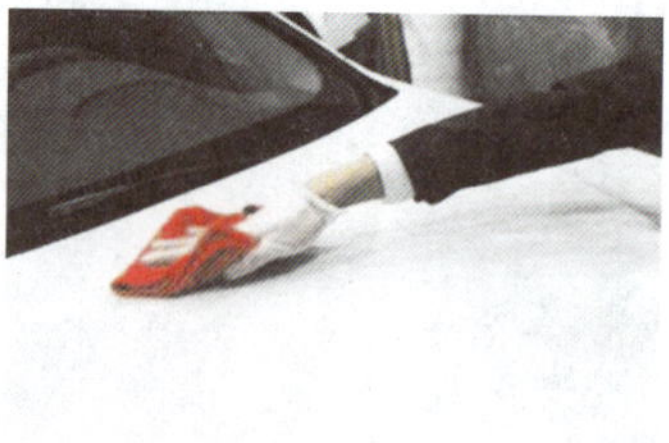

20. 如果一次没有镀好，可再镀一次，直至镀膜全部完成。

课题 4　发动机室清洁

学习目标

1. 了解发动机室清洁的作用、用品和类型。
2. 掌握发动机室清洁的一般操作流程。
3. 能够对发动机室进行清洁。

任务准备

一、发动机室清洁的作用

发动机室清洁除了美观作用外，还起到保障发动机正常运行的作用。由于汽车行驶环境复杂，行驶过程中卷起的风沙尘土从发动机室下部钻入，吸附于发动机表面，加之发动机长时间在高温下工作，有时还有漏油等现象发生，如果长时间不对发动机外部进行清洁护理，就会使发动机表面形成厚厚的油泥性腐蚀物，时间一长将渗透于发动机表面各部件，增加发动机的散热负担，并造成金属部件生锈、塑料部件老化变形等。因此，发动机室清洁在汽车美容护理中是非常重要的服务项目之一。

二、发动机清洁用品

名称	图示	说明
发动机外表清洁剂		（1）能除去较重油污 （2）呈碱性，含有缓蚀剂成分 （3）能快速乳化分解去除油污，且不腐蚀机体及其部件 （4）水溶性好，可完全溶解，容易用水冲洗，不留残留物
除锈剂	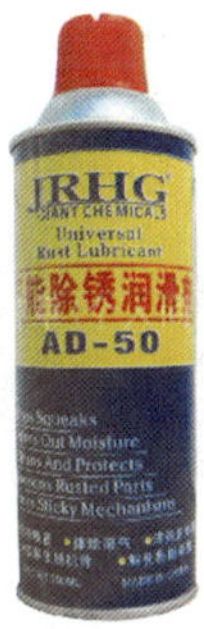	选用国外多种原材料研制而成的油溶性聚合物，不但能清除各种锈蚀，而且起到润滑作用
电子清洗剂	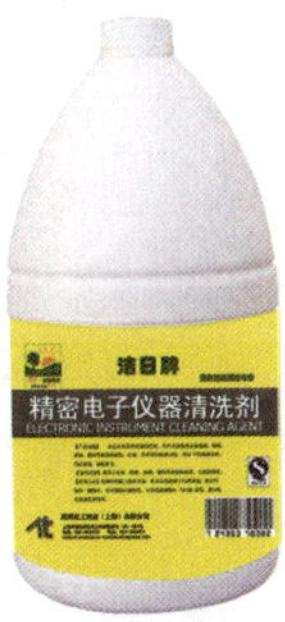	用于电子、精密机械、仪器仪表等设备的清洗剂，有一定的脱脂去尘能力，能迅速去除污垢，可完全挥发，不留残迹

三、发动机室清洁的类型

发动机室清洁主要分为三类：一是油污清除，二是锈渍处理，三是电器清洗。

01 油污清除

发动机油污清洗可采用多种方法，清洗产品也很多，但不可用汽油清洗。清洗剂需要满足三点：一是碱性小，不可腐蚀外涂银粉、清漆或漆面；二是使用方便，除油彻底；三是使用经济，成本低。

使用时，应先将发动机表面用清水润湿，然后喷涂上汽车发动机清洁剂，停留 2～3 min 后用高压水冲洗。对于极脏的污垢处，可用毛刷蘸取清洗剂进行刷洗。

清水冲洗

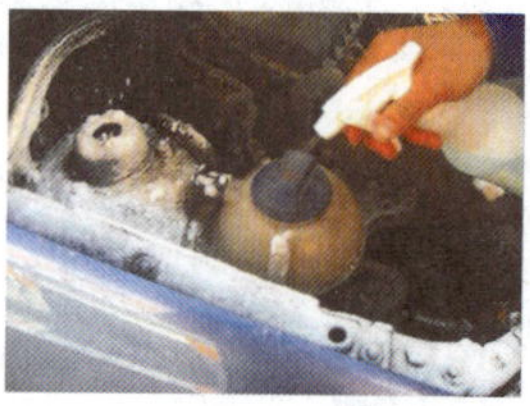
喷涂清洁剂

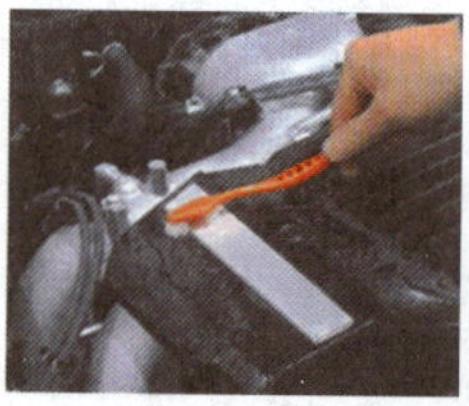
毛刷刷洗

02 锈渍处理

首先应将锈迹消灭在萌芽状态，即在发现锈斑时（氧化形成的小斑点）就必须进行除锈处理。将除锈剂稀释后喷涂到生锈表面，停留 5～10 min 后用水充分冲洗，严重的可以用毛刷辅助刷洗除锈。除锈完成后，用多功能防腐润滑保护剂喷涂加以防护。最好在发动机整个外面都进行防锈处理，一般每年做两次。

毛刷除锈

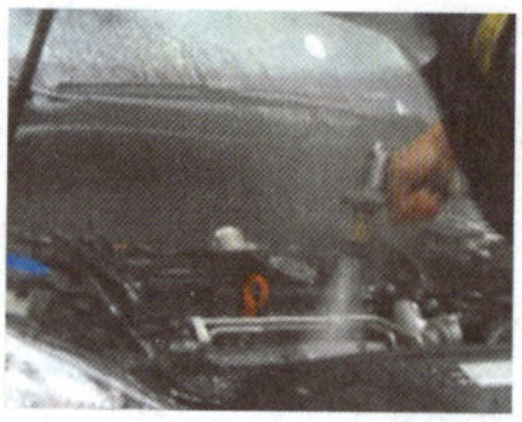
冲洗

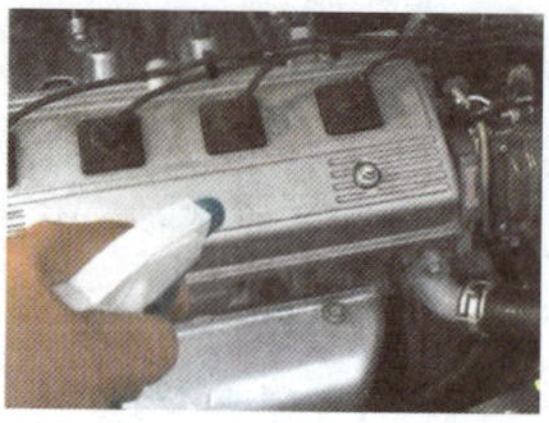
喷涂保护剂

03 电器清洗

发动机的电器包括继电器、点火线圈、分电器、蓄电池等部分。这些部件的清洁需要采用特定产品进行，如果长期用水和普通的清洁剂处理，则会加速其生锈、老化，影响汽车正常起动和行驶。

专业的电子清洗剂主要用于发动机的电路清洁。擦干电器部分，然后用电子清洗剂清洁处理电器电路。清洁后不必用水冲洗，只需擦干或自然干燥。因为此类产品为溶剂型，不溶于水，清洁后建议使用多功能防腐润滑剂喷涂一遍，实现抗潮、润滑等保护。

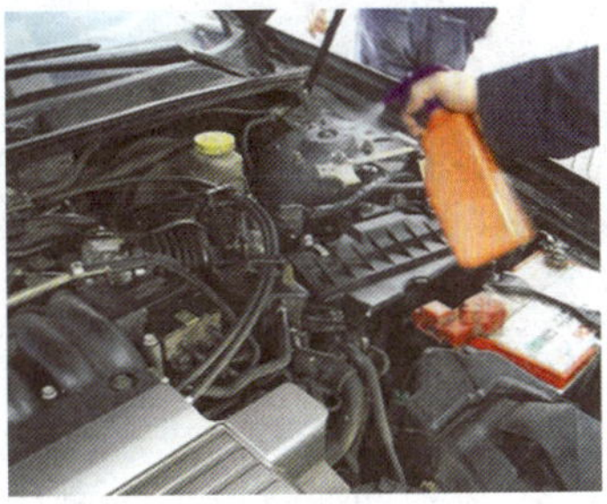
清洁

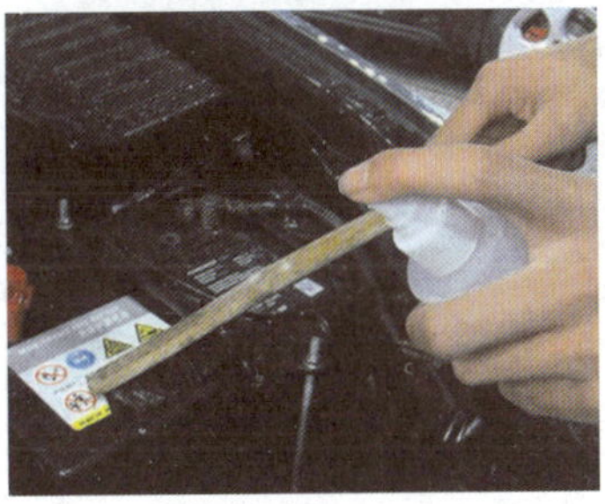
喷涂保护剂

四、发动机室清洁的一般操作流程

(1) 用塑料薄膜包扎保险盒、发电机、高压线圈、汽车 ECU 等电器元件，以防清洁时进水造成损伤。

(2) 去除大块油污。可使用发动机专用清洁剂，将其喷涂在油污处，2～3 min 后用毛刷擦拭，然后用抹布擦干。

(3) 用高压水冲洗。

(4) 喷发动机清洗剂。喷涂前，应先摇晃发动机清洗剂，然后将其均匀地喷涂于发动机的外部。停留 3～5 min，以使污垢尽可能被吸附到泡沫中。

(5) 再用高压水冲洗泡沫污物。

(6) 清除锈蚀。将除锈剂喷涂在锈蚀处，待其作用 10 min 左右后用硬毛刷刷洗，然后用软布擦干。

(7) 清洁空气滤清器。将纸质滤心从滤清器壳中取除，用压缩空气将其吹净。

(8) 流水槽的清洁。前挡风玻璃下、发动机盖与两前翼子板结合处的流水槽往往很脏，可先用清水冲洗，然后进行泡沫清洗，配合软毛刷刷洗，最后用干净软布擦干，喷涂橡胶护理剂，防止老化。

(9) 电器元件的清洗。用专业电子清洗剂清洁，清洁后使用多功能防腐润滑剂喷涂一遍，可防止电器元件接头受潮、腐蚀。对于蓄电池的清洁，应将蓄电池从车上拆下，用专用电子清洗剂清洗，同时配合毛刷刷除污物。

(10) 用高压气体吹干。

(11) 喷发动机保护液。最后将发动机保护液均匀喷在发动机壳上，将橡胶护理剂配合打蜡海绵擦拭橡胶管表面。

(12) 结束发动机室清洁工作，并做好工具、场地的清洁和整理。

任务实施

1. 清洁工具及用品准备。

2. 打开发动机机舱盖。

3. 让发动机充分散热。

4. 拆卸发动机护罩。

5. 用塑料薄膜包扎电器元件及线路。

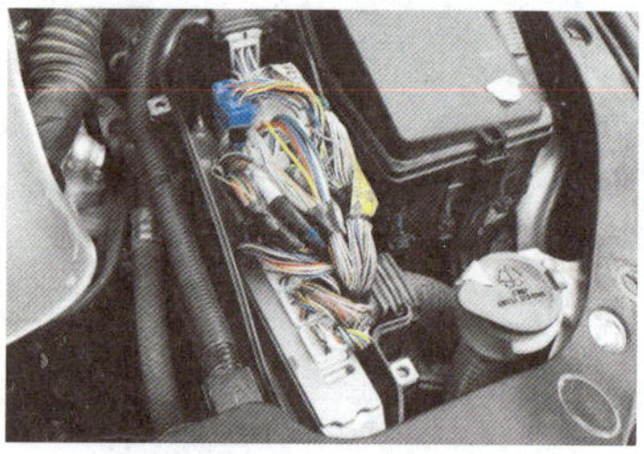

6. 冲洗发动机室。

7. 用毛刷刷洗各部位。

8. 喷涂清洁剂。

9. 等待几分钟，脏污溶解。

10. 用毛刷进行清洁。

11. 清洗发动机室。

12. 用毛巾擦干。

13. 撤出保护。

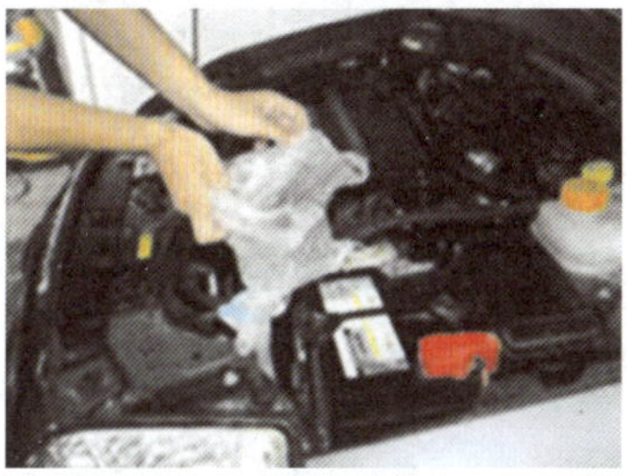

14. 使用专用上光剂上光。

15. 擦干上光剂。

16. 对比作业前后的发动机室。

操作提示

1. 清洗发动机表面时，应在刷洗掉的污物未被风干前快速将其冲净，否则应使用半湿毛巾配合施工。

2. 清洁发动机表面的金属部件时，可使用金属抛光剂或漆面研磨剂进行清洁，但塑料或橡胶部件则不允许使用此方法。

3. 清洗后的发动机应在启动前将电路系统彻底风干。

4. 发动机在上光镀膜前，应将非原装线路重新包裹，然后进行上光护理。

5. 清洗后的发动机表面应在上光前将水分完全清除，如果在潮湿的部件表面上光，保护剂易随水分挥发。

6. 施工完毕后，应对发动机外表进行检验，并对遗漏的地方采取补救措施。

课题 5　外饰件美容

学习目标

1. 掌握汽车外饰件的美容方法。
2. 能够对汽车外饰件进行美容。

任务准备

外饰件美容主要包括玻璃的清洁与抛光、车灯的清洁与抛光、后视镜的清洁与护理、轮毂与轮罩的清洁与护理、保险杠及饰板的清洁等作业项目。这些项目都包含清洁护理或抛光，不但能确保行车安全，而且可以延长外饰件的使用寿命。各个部件都用相应的专用清洗剂、抛光剂或护理剂来处理。

任务实施

1. 前挡风玻璃的清洁与抛光

提示：

在车辆行驶中，前挡风玻璃由于静电作用经常会形成交通膜及各种污渍，同时由于车内与外部环境常有温差，会形成烟雾薄膜，严重影响驾驶员的视线。另外，雨天雨水也容易挡住视线。依据以上特点，前挡风玻璃清洁护理是非常必要的。

(1) 镀膜

1）先将上面黏附的污斑、昆虫斑用塑料或橡皮刮刀除去。

2）在干净的玻璃上均匀喷涂镀膜剂。

3）使用干毛巾轻轻涂抹，5 min 后晾干即可。

(2) 对存在交通膜或烟雾薄膜的，可使用挡风玻璃抛光剂进行抛光处理。方法是将抛光剂涂在欲擦拭的玻璃上，稍等片刻，用干净软布作直线式往复擦拭，直到将玻璃擦亮为止。

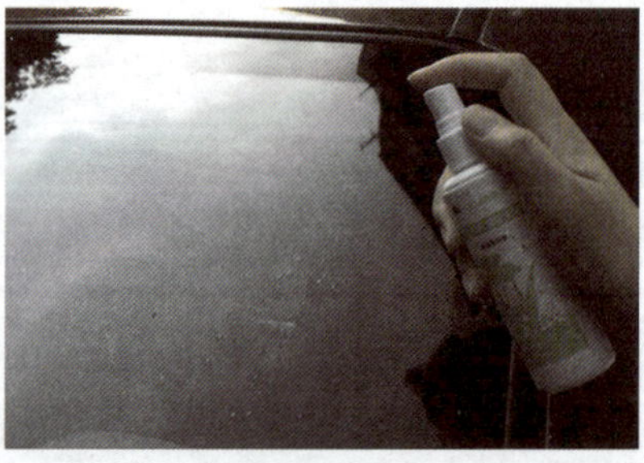

2. 车窗玻璃及后挡风玻璃的清洁与抛光

后挡风玻璃在内侧有防雾除霜栅格，所以不能用挡风玻璃抛光剂处理。对于贴膜玻璃面（内面），也只能用清洁剂处理膜面，否则，不但不能清洁玻璃反而会将膜面刮花，影响采光效果。因此，只能用软布配合玻璃清洁剂进行仔细处理。

玻璃外侧可用抛光剂进行处理。玻璃外侧透明胶的残痕，可先用塑料片将残留物清除，然后使用清洁剂简单擦拭即可。最后，用挡风玻璃抛光剂抛光处理。

玻璃外侧同样可以进行镀膜，方法与前挡风玻璃镀膜相同。

操作提示

1. 清洁玻璃不能用水。玻璃内侧常染有烟雾薄膜，清水难以除去。外面则与漆面一样，会存在交通膜。用水擦洗不但费力，而且不洁净，只能留下烟膜和交通膜的花纹。

2. 挡风玻璃上的污斑和沥青必须采用专业的塑料或橡皮刮刀除去，不可用刀片去除，以免划伤玻璃。

3. 在作业时，用于擦拭玻璃的毛巾或麂皮必须专用，不可混用。

3. 车灯的清洁与抛光

大灯用久后灯罩就会发黄，而且在外力的作用下容易起雾，影响照明效果，这在夜间行车中是非常危险的。对大灯进行抛光能让大灯恢复光泽，焕然一新。

(1) 抛光之前要先贴纸胶带保护胶边，防止抛光盘打磨边角的车漆。

(2) 抛光施工，用抛光盘进行抛光。作业时应注意抛光车灯玻璃时力度不可过大。

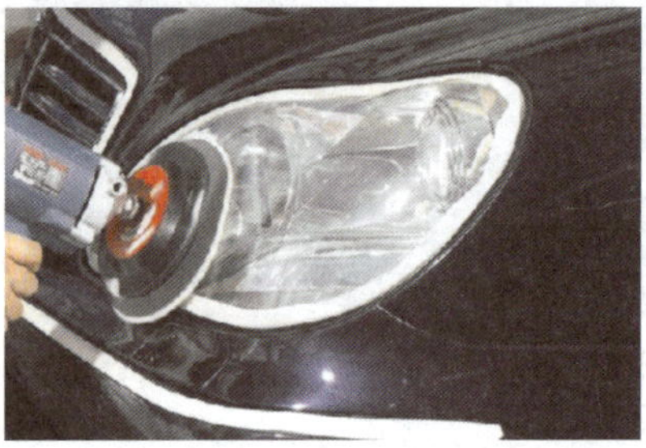

4. 车轮的美容

车轮的美容包括轮胎美容与轮辋美容。轮胎美容包括清洁、增黑上光。轮辋（以及轮辐和轮毂）美容包括去除氧化斑、除锈、防锈及清洁去污。车轮的美容护理流程如下：

(1) 清理挡泥板，用清水冲洗一遍，然后用专用的宽毛刷把固化在挡泥板上的泥污擦下来。

(2) 用清水第二次冲洗，用海绵进行擦拭，很快挡泥板就会擦得很干净。

(3) 轮胎清洗一定要用清洗剂。将清洗剂喷到轮胎上用宽柄刷进行表面清理。

(4) 如果清洗轮辋，建议一边用清水冲一边用长柄刷清理。因为长柄刷的手柄长，清理轮辋最里面的边角很方便。

(5) 将摇晃均匀的轮辋清洗剂喷于轮辋表面，保持 2～3 min 后用柔软的毛刷或海绵擦拭，注意轮辋的叶片及辐条之间不要有遗漏。

(6) 用清水清洗干净，用毛巾擦净，喷涂铝合金光亮剂。

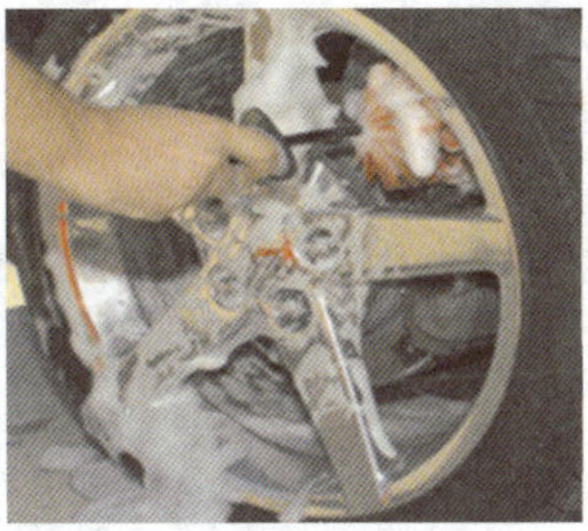

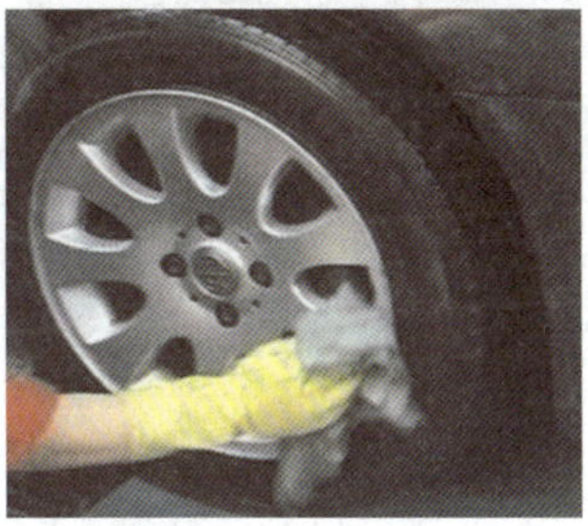

5. 塑料部件的美容

塑料部件如后视镜架、保险杠、车门把手、车窗密封条等，由于长期风吹日晒，极易褪色、老化甚至龟裂。对塑料部件的美容既可以起到养护作用，达到延长使用寿命的目的，又可恢复表面原色，达到光洁如新的效果。

塑料部件的美容可使用塑料清洁上光剂来完成。塑料清洁上光剂是一种多功能护理剂，可使清洁上光作业一次完成。使用时，先用汽车清洗剂将塑料表面清洗干净，再用洁净的软布蘸少量的清洁上光剂擦拭部件表面，2 min 后用干毛巾擦干。

6. 不锈钢、电镀件的美容

汽车外部有许多部件如防撞杆、保险杠、车标徽、发动机通风栅格、倒车镜架、车身装饰条、拉杆天线等不锈钢和电镀件。由于空气中硫化气体和水分（或潮气）的存在，会造成不锈钢和电镀件因腐蚀而生锈、发暗，影响其装饰效果。当不锈钢和电镀件大面积甚至全部失光时，应对其进行清洁护理。

具体方法如下：对金属表面进行彻底清洗。擦干后，轻轻摇晃护理剂或抛光剂，将其喷在纯棉抛光布上，对需要抛光的部位反复擦拭，直至光亮度满意为止，然后用清水冲干净。若表面锈垢严重，应先使用除锈剂进行除锈，然后再使用以上方法。

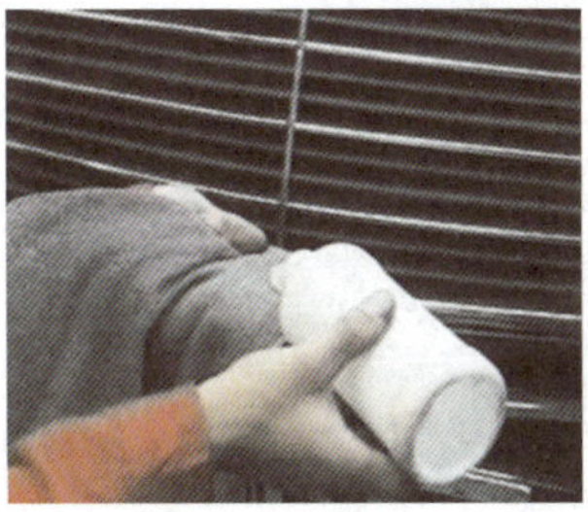
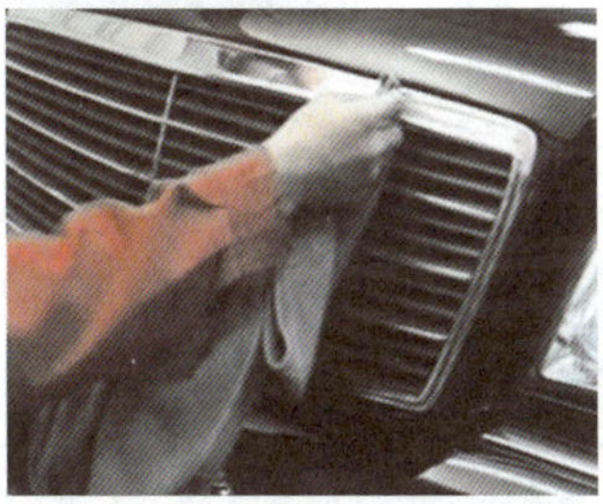

7. 后视镜的清洁护理

后视镜由于暴露在外，很容易沾到空气中的油污，遇到雨水会模糊不清，严重影响行车安全。

目前市场针对后视镜开发出了一种有驱水功能护理产品——拨雨剂，也称雨滴除。它可将雨水变成小珠粒，即便在车辆低速行驶下，行驶产生的风力也可将小雨珠一扫而空。这种产品还可用于后挡风玻璃、两侧车窗、大灯上。

对于后视镜的背面护理，与漆面处理方法相同，先洗干净，然后进行抛光处理。

单元四　汽车车身外部装饰

课题1　车窗贴膜

学习目标

1. 了解防爆隔热膜的作用。
2. 掌握防爆隔热膜的基本结构和性能指标。
3. 掌握防爆隔热膜的安装步骤。

任务准备

一、防爆隔热膜的作用

01 隔热降温

汽车防爆隔热膜可以减小光线照射强度，有效阻断红外线，有效隔热，隔热率可达85%以上，起到保持车厢凉爽的效果，降低汽车空调的负荷，节省燃油。

02 抵御紫外线

阳光中的紫外线对人的皮肤具有一定的侵害作用，长期受紫外线的照射容易造成皮肤癌，防爆隔热膜可有效阻挡紫外线。高品质的车膜可以阻隔99%以上的紫外线，不仅能有效防止车内的人员被过量的紫外线照射灼伤皮肤，还能保护车内内饰不被晒坏。

03 防止爆裂

当汽车发生意外时，车身玻璃受到撞击破碎，玻璃破碎飞溅易造成人员受伤。防爆隔热膜可以防止玻璃爆裂飞溅，或者使汽车玻璃破碎飞溅的可能性降到最低，最大限度地避免意外事故对乘员的伤害，提高汽车的安全性。同时，由于车窗覆上一层耐磨并有一定厚度的车膜，可较好地防止车窗玻璃划伤。

04 防眩光

车膜能过滤部分眩光，减弱可见光的强度，使人的眼睛更舒服，有助于改善驾驶员视野，确保驾驶安全。

05 改变色调

防爆隔热膜能让轿车玻璃呈现出丰富的色泽，改变了单一的色调，给汽车增添了美感。

06 单向透视

防爆隔热膜的单向透视性，遮挡了来自车外的视线，增强了车内的私密性。

二、防爆隔热膜的基本结构

防爆隔热膜主要由耐磨外层、安全基层、隔热层、防紫外线层、感压式黏胶层、“易施工”胶膜层以及透明基材等组成。

耐磨外层

该层材料是透明的丙烯酸，非常坚韧，涂布在安全膜外层，该层非常耐刮，而且清洗玻璃时不容易产生刮痕，使玻璃看上去经久如新

安全基层

该层材料是透明的聚氨酯，透明而且有非常强的抗冲击能力，能长期有效地保护驾乘人员的安全，万一在受到外来冲击力时，能起到阻挡冲击，减少伤害的作用

隔热层

该层的结构是将铝、银等金属分子通过溅射的方式涂布在安全基层上，这些金属层将有选择地将阳光中的红外线反射回去，从而达到隔热的效果（红外线是主要的热量来源），节约燃油

防紫外线层

在隔热膜上涂布一层特殊涂层，该涂层能将阳光中 99% 的 UVA 和 UVB（即紫外线 A 和紫外线 B）隔断

感压式黏胶层

该层是安全膜品质的重要保障，既要非常清晰，又要能抵抗紫外线、不变色，同时还要有非常强的黏着力

“易施工”胶膜层

透明基材

三、防爆隔热膜的性能指标

01 透光度和清晰性

这是关乎行车安全最重要的性能，尽量选择透光度高的汽车膜，尤其是前排两侧窗的膜，应选择透光度在85%以上较为适宜，保证视线良好。

02 隔热率

隔热率是体现车膜隔热性能的重要指标，品质好的车膜能反射红外线。优质车膜的隔热率可达85%以上。

03 防爆性能

优质车膜本身有很强的韧性，玻璃破裂后可被膜粘牢不会飞溅伤人，抗冲击性能很强。劣质防爆膜手感很软，缺乏足够的韧性，易老化发脆。

04 紫外线阻隔率

高品质的车膜紫外线阻隔率一般不低于98%，高的可达100%。高紫外线阻隔率能有效防止车内的人被过量的紫外线照射，并可缓解内饰件的老化。

想一想

目前市场上最流行的防爆隔热膜产品有哪些？比较它们的性能指标。

四、贴膜工具及设备

名称	图示	说明
1. 热风枪		汽车贴膜中不可缺少的设备，可用于所有乙烯树脂车顶的装饰和维修，也可用于其他塑料件的装饰和维修。在粘贴施工中，为加速胶黏剂的固化，采用热风枪加热，可提高粘接速度和质量

续表

名称	图示	说明
2. 皮尺		用布料或塑料制成的柔软的可卷起的长度量具，通常称皮尺，其度量的刻度有米制、市制等。标准量程有 1 m、1.5 m 和 2 m
3. 直尺		用薄木板或塑料板制成，有标准刻度
4. 剪刀		剪刀分为裁剪专用剪刀、常用剪刀、小型弹簧剪刀等。裁剪专用剪刀的刀片较长，也较一般刀片宽大
5. 割刀		设有旋转锁钮，有效安全的缩紧刀片
6. 喷壶		喷壶的材质为塑料，半透明瓶身，方便观察。塑料喷壶密封紧密，可盛装酸碱性或其他具腐蚀性液体 塑料喷壶的喷嘴可任意调节，形成大小不一的线状或雾状喷口

续表

名称	图示	说明
7. 刮板		采用塑料制成，专用于汽车贴膜
8. 刮水器	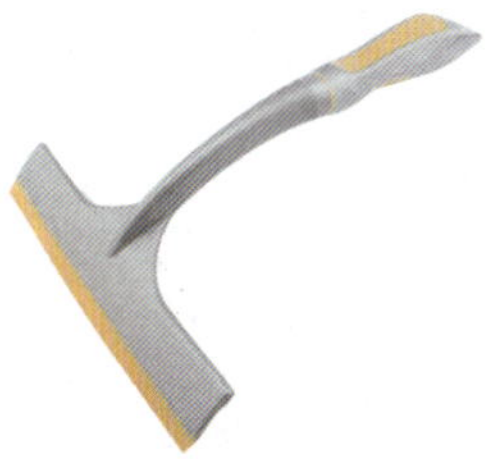	刮水器由橡胶制成，可以刮除玻璃上的水

五、贴膜工艺流程

01 洗车清洁

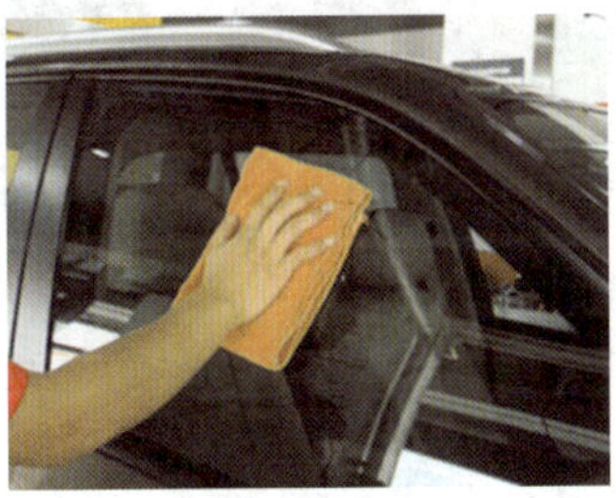

整车清洗，特别注意挡风玻璃及橡胶压条缝隙的清洁。

02 工具准备

准备好贴膜工具及设备。

03 密封遮挡

用遮蔽纸遮挡玻璃下方的车门板、仪表台、后备箱盖、发动机舱盖。

04 测量车窗、打板预裁

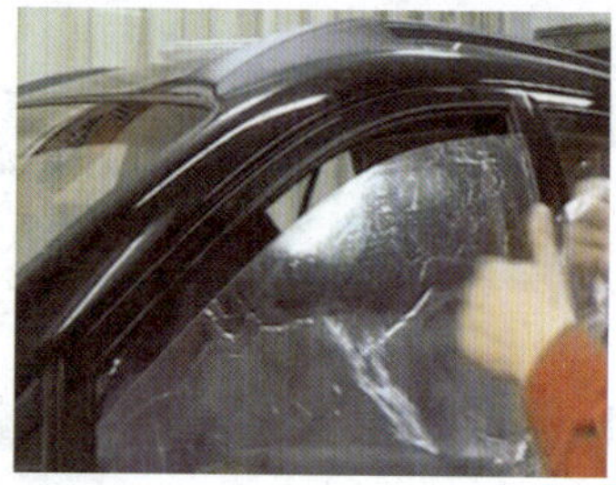

用直尺或皮尺测量出挡风玻璃尺寸；将玻璃表面洒一层贴膜润滑液，然后把适当厚度的薄膜吸附在玻璃上，根据边缘线特点划出玻璃样板。

05 量尺裁膜、玻璃清洗

根据测量的车窗尺寸，在裁膜台上裁出对应尺寸窗膜，然后以样板为模本，精确裁剪；再用玻璃清洗剂将车窗深度清洁，完全去除玻璃表面的颗粒、脏点、油渍等附着物。

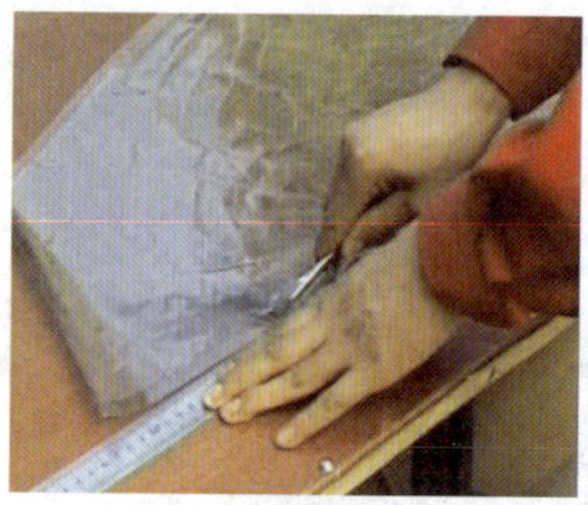

06 铺膜定位、恒温烤膜

喷涂贴膜润滑液，再将膜铺放于车窗上，保护层朝外，然后用刮板刮实，避免出现褶皱；调试热风枪到适当温度，让膜充分收缩变形后再擀实、擀平。

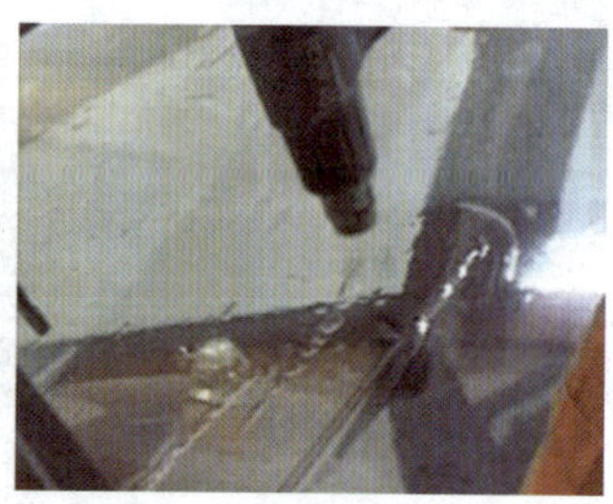

07 精确裁边、铺贴窗膜

根据玻璃轮廓精确裁边，注意裁边时力度适中；将裁好的窗膜撕开保护层，贴在车窗内侧，铺贴前先喷洒贴膜润滑液，贴铺后用刮板将膜擀实，确保无气泡、无水渍残留、无颗粒凸点。

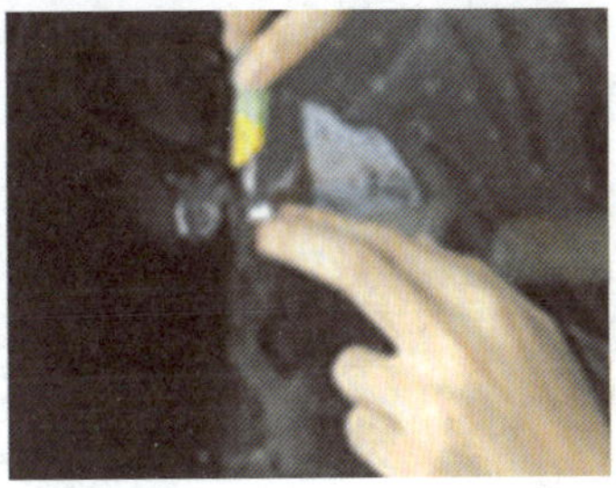

08
检查

检查车窗是否残留气泡、凸点、水渍，边角是否起翘，发现问题处理后方可交车。

操作提示

1. 操作过程中的毛巾一定要分开，不可混用，做到一个工序一条毛巾。

2. 在车膜底胶剥离时所用的清洗剂中含有氨的成分，在作业中应保证车门打开及室内通风。

3. 贴膜相关操作必须在无尘室内操作完成，严禁在路边施工。

4. 车膜是贴于玻璃内侧的，不能贴于外侧。

5. 贴膜前玻璃必须非常洁净，要用清水反复清洗。玻璃上残留有任何细微的粉尘，均会影响车膜的黏附力和透光率。

6. 贴膜时，应彻底去除车膜内的气泡。为了避免刮板损伤车膜的表面，需在表面喷洒适量清水。

7. 将车膜贴于平面的侧窗玻璃上并不难，但如果要贴于曲面的前、后风挡玻璃上则技术要求很高。曲面的预定型一般是利用该前、后风挡玻璃为模型，对车膜进行加热预定型，否则无法将车膜贴牢。

8. 注意对车身面漆的保护。由于贴膜时要使用热风枪和各种工具，特别是预定型工序需反复操作且作业时间长，为了避免损伤发动机舱盖和行李箱盖的面漆，一定要垫铺大毛巾等保护。

9. 注意车膜收缩具有方向性，桶装车膜展开的方向为收缩方向，并将此方向置于车宽方向粘贴。

10. 烘烤玻璃要均匀且不可时间过长，否则会导致玻璃内伤，失去保护作用。

任务实施

1．在前车门玻璃上喷上适量的液体。

2．将一块塑料纸贴在玻璃上。

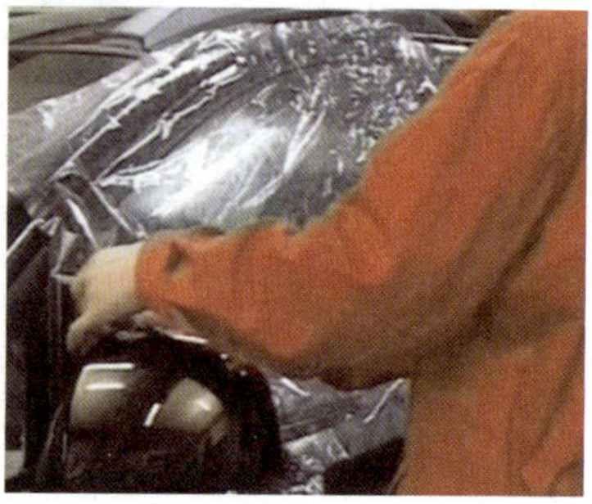

3．去掉边缘多余的部分，将其余的边也分离出来。

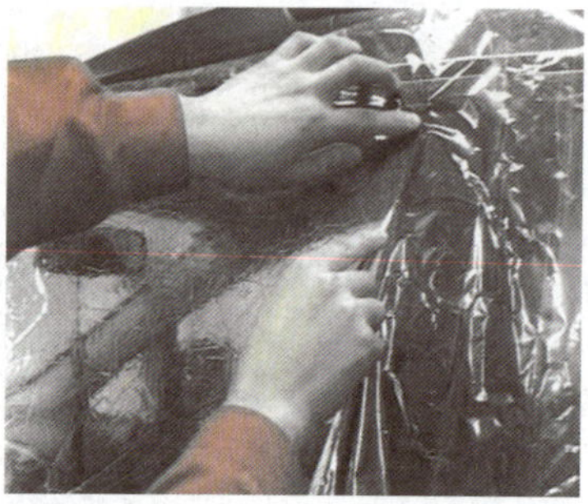

4．剪裁前窗上边的时候，可以将玻璃下降一点，方便裁剪。

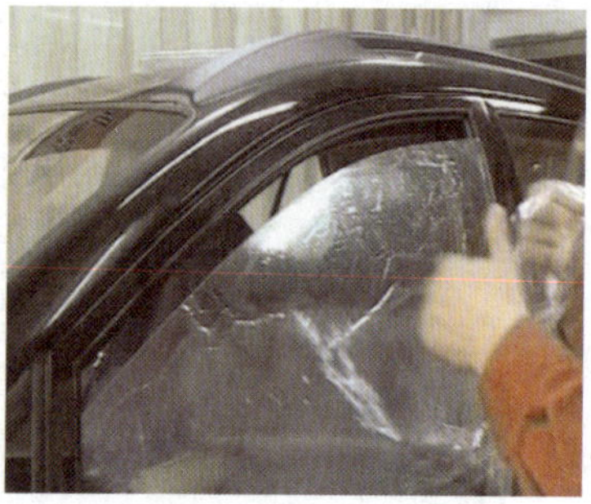

5．同样后车门玻璃也是按照相同的方法操作。

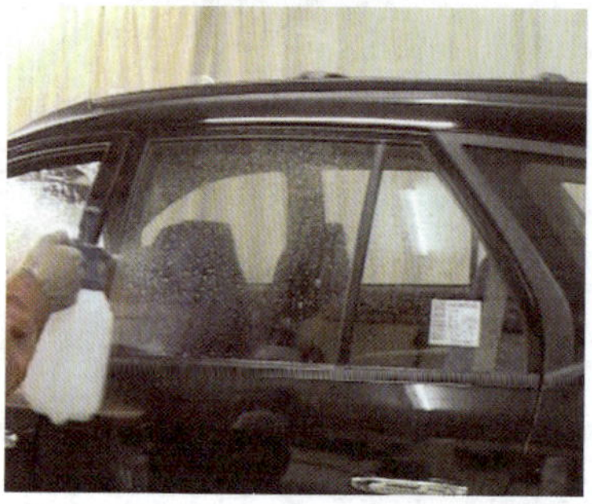

6．前风挡可以用米尺测量，取最长的距离测量。

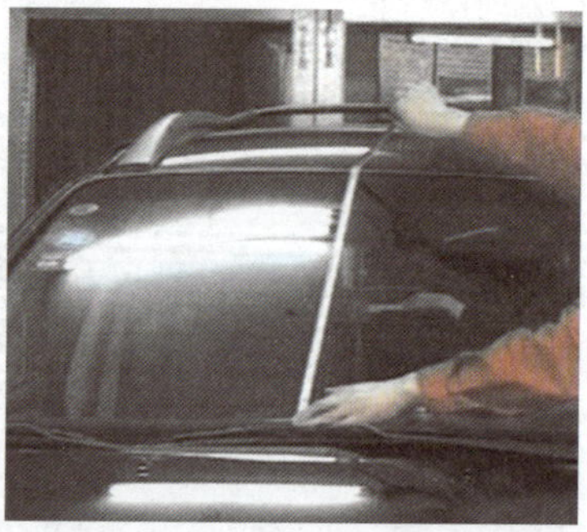

7. 将剪好的塑料纸取下来，准备下料。

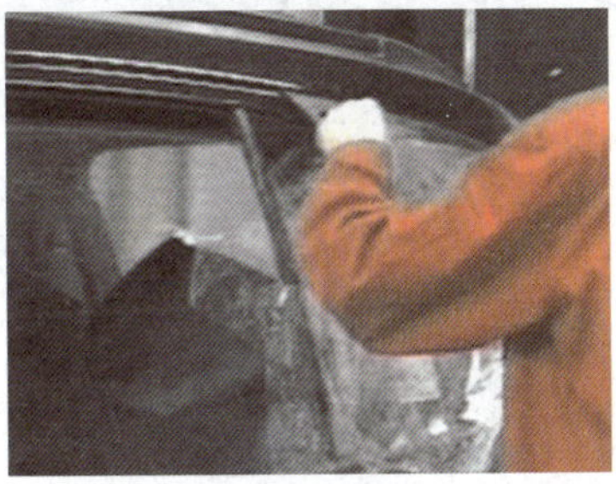

8. 下料时，风挡玻璃尺寸按量出来的尺寸下料即可，车窗玻璃按上下多 2 cm 留余量，两侧按多 0.5 cm 留余量。

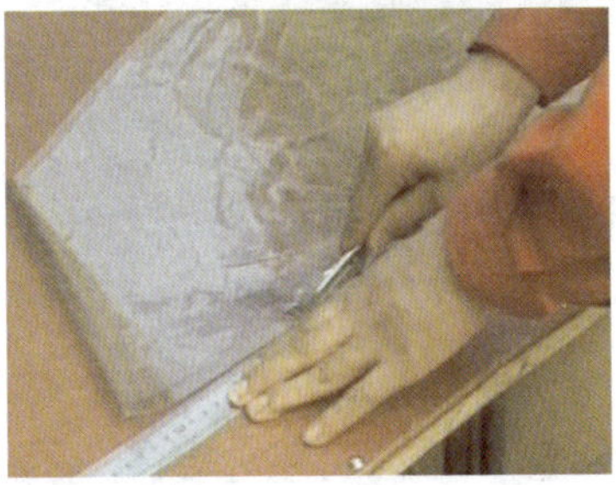

9. 往玻璃上喷上清洗剂，清洗玻璃。

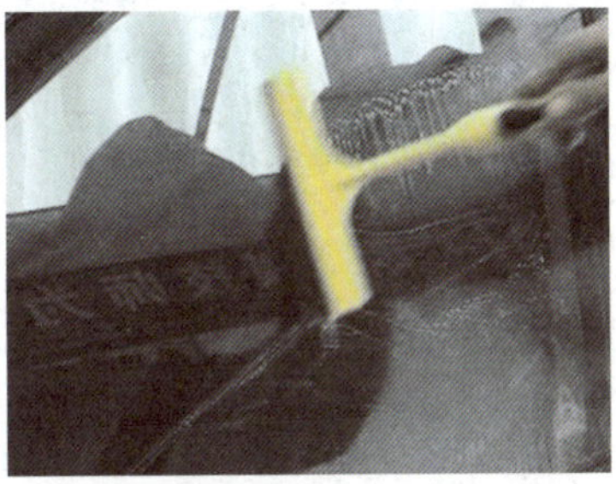

10. 喷上润滑液，将裁减好的膜粘贴上，位置找准。降下玻璃，用裁纸刀将多余的材料去掉。

11. 将防爆膜揭开，喷上润滑液，从下至上摆放好位置，粘在玻璃内侧。

12. 刮水定位。

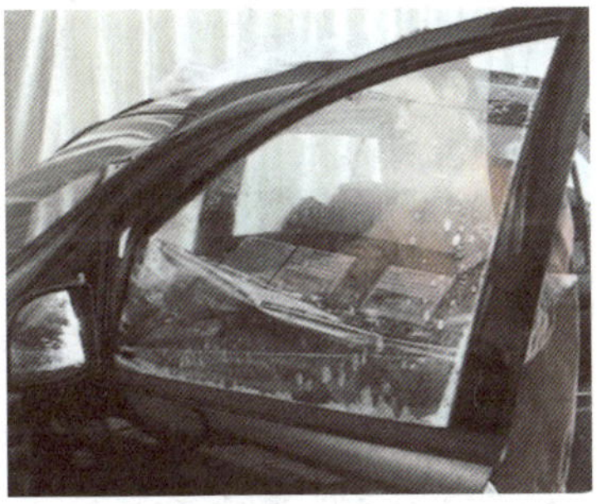

13. 使用钢板将防爆膜放入门缝内侧。

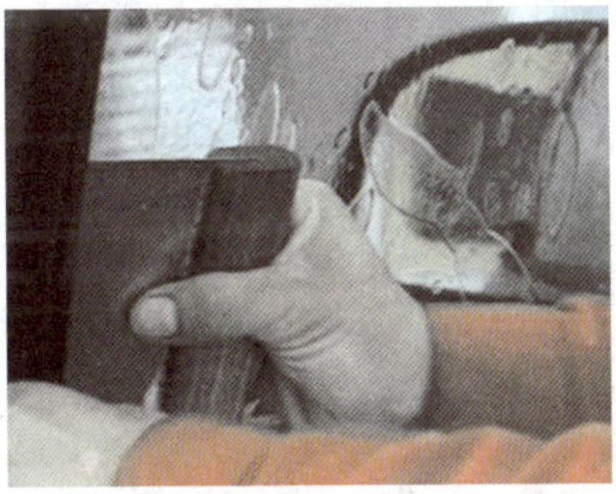

14. 将揭掉的保护膜贴在上面，用塑料板擀平，然后用刮板进行挤水。

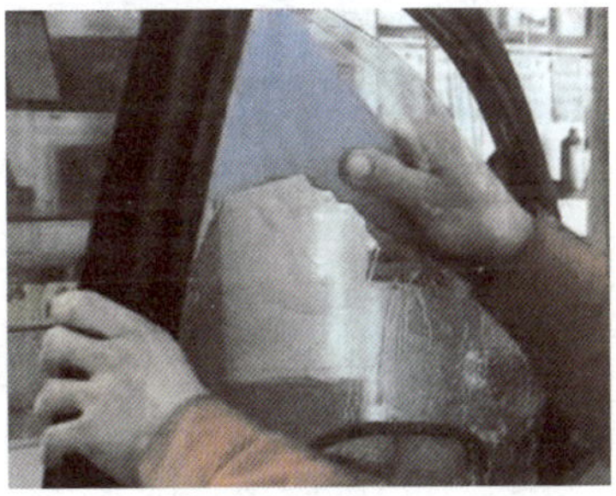

15．没有黏和的位置用热风枪烘干，再挤净上方的水。

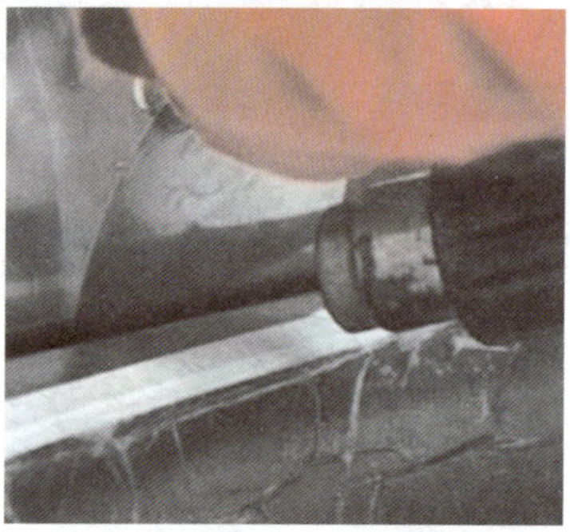

16．在前风挡上喷上润滑液，涂抹均匀，用刮水器刮净水。

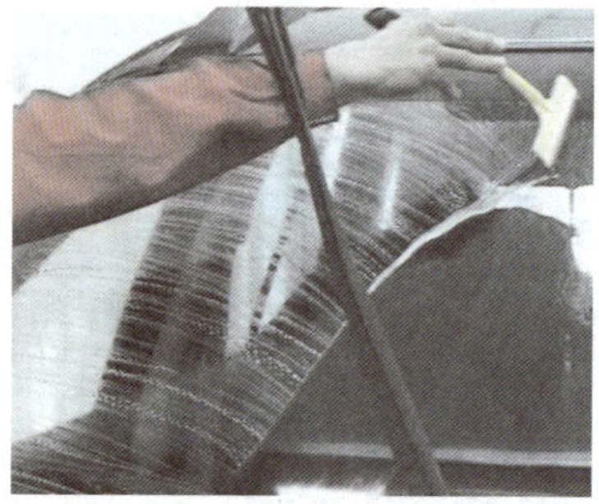

17．再喷上一层润滑液。

18．把裁好的膜贴上。

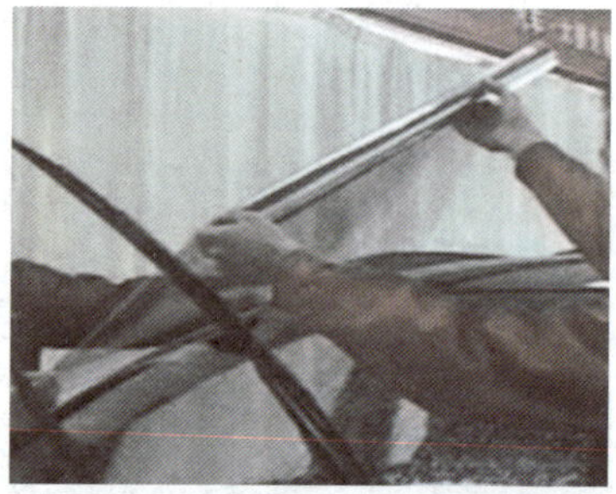

19．用裁纸刀裁去周围多余的部分。

20．用塑料板刮平，从上到下擀水固定。

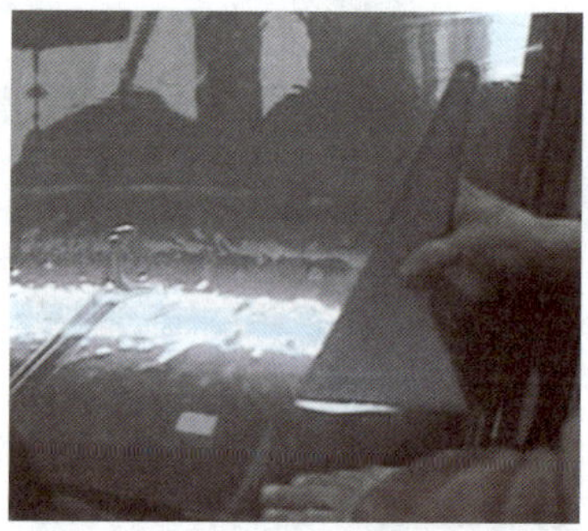

21．没有黏和的位置用热风枪加热烤软，然后立即用刮板刮平。

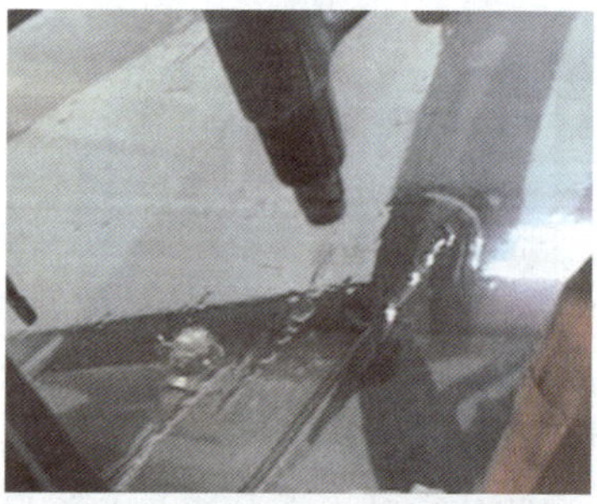

22．用刀将多余的膜割掉。

23. 将裁好的膜揭下来。

24. 用一块防护布蒙在仪表盘上。

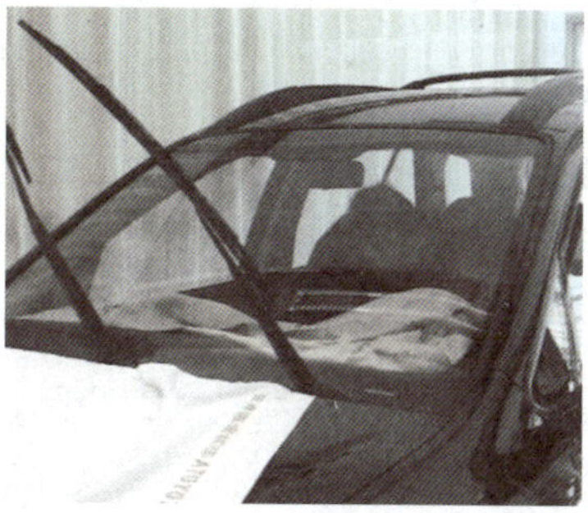

25. 在前风挡玻璃上喷上适量的润滑液，用刮板清洗干净，再用刮水器刮干净。

26. 将裁好的膜打开，揭去膜上面的一层保护膜。

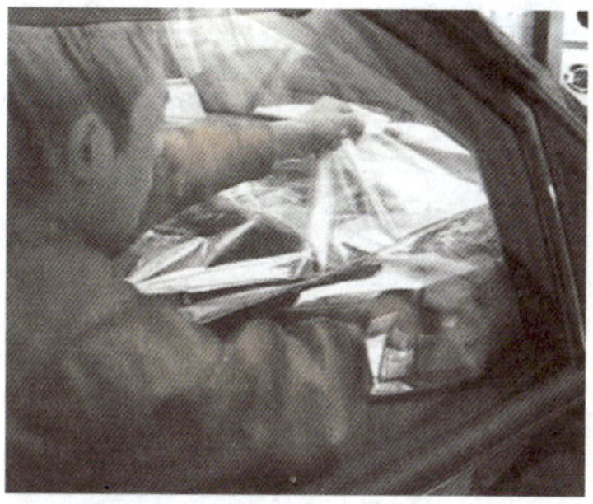

27. 喷上润滑液，从下向上对好位置粘贴上。

28. 用刮水器大致刮一下，先固定住，然后将保护膜贴在上面，用塑料刮板将水挤一下，再用刮板按照顺序将水擀尽，完成贴膜。

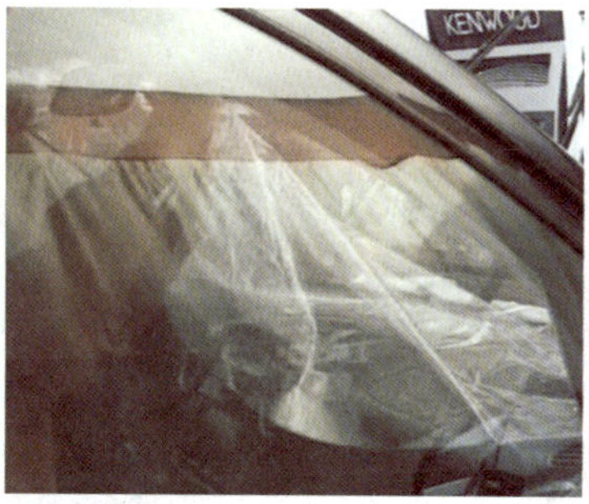

课题 2　底盘装甲

学习目标

1. 了解底盘装甲的作用和材料。
2. 掌握汽车底盘装甲的工艺。

3. 能够规范地对车辆进行底盘装甲作业。

任务准备

汽车高速行驶时，路面上扬起的砂石会对底盘产生力度很强的冲击，造成底盘损伤，底盘原有的保护层被破坏，抗氧化能力大大降低。另外，大城市的空气质量差，雨雪呈酸性，冬天的除雪剂中含有盐分，都对底盘构成极为严重的威胁。许多刚使用不久的汽车底盘就已经锈迹斑斑，轮壳处甚至已锈蚀穿孔，严重时还会发生底盘变形、漏油、尾气泄漏、转向受损，制动失灵等现象。这时候再做防护则为时已晚，必须先把锈蚀处修补好后再喷防锈涂层。因此，底盘保护很有必要，应尽早实施。

底盘装甲或封塑是给汽车底盘喷涂 3～5 层特殊的防锈弹性涂料，将底盘及轮毂上方的噪声部位完全包裹起来，待其自然固结后形成的底盘保护层。

一、底盘装甲的作用

01 防腐蚀

汽车的锈蚀均从底盘开始，每次洗车污水会残留在底部，长久下去就会形成潜在的腐蚀因素。对底部进行装甲，即便是酸雨、融雪剂、洗车碱水都无法侵蚀透这层防护膜。

02 防石击

车辆在行驶的过程中，会溅起小石子，石子冲击底板的力量与车速成正比。漆膜一旦被击破，锈蚀便从此点开始并向铁板内部缓慢扩大。如果进行了底部装甲，可以承受一定的冲击而不破坏漆膜。

03 防震

发动机、车轮均固定在底盘上，它们的震动在某一频率上会与底板产生共振，使驾乘人员产生很不舒适的感觉，底盘装甲会一定程度上消除共振。

04 隔热

在冬季，车内冷热空气大多集中在车辆的地板上进行交换，车辆底部防护效果如何，直接决定着车辆能量利用的效果。进行底部装甲后，其涂层内的石英砂可冷热隔离，减少热交换。

05 隔音降噪

车辆快速行驶时，车轮与路面的摩擦声与速度成正比，车辆底盘装甲可大大降低车内的噪声。

二、底盘装甲的材料

底盘装甲按使用的材料不同主要分为两种方式：一种是采用溶剂型涂料进行处理，如环氧、沥青、酚醛等；另一种是采用 PVC 涂料进行处理。目前普遍采用的是第二种，这种涂料是由聚氯乙烯树脂、增塑剂、调节剂、颜料、体质颜料等，经机械混合形成的一种原浆涂料。该涂料固体含量高，抗剪切力强，不仅可阻隔空气、水分和酸碱的侵蚀，使底盘的防锈、防震能力大大提高，同时具有隔音的效果。对底盘的这种特殊处理一般称为封塑，由于其效果如同给底盘披上了坚韧的盔甲，因此，又称为底盘装甲。目前，市面上底盘装甲材料常见的有汉高、3M、施耐普等品牌。

三、底盘装甲的工艺

1. 清洁 用高压水枪将黏附于底盘及车轮挡泥板上泥沙、尘土冲洗掉，用专用的沥青清洗剂把沥青、油污等彻底去除干净。	
2. 举升汽车 将汽车停放于施工现场的汽车举升机上，并将 4 个车轮拆下。然后用车衣盖住车身，举升汽车。	
3. 遮挡非施工区 用防护纸遮挡车身周围的裙部和轮毂，并将发动机油底壳、变速器、排气管、消声器、传动轴等非施工区用防护纸进行遮挡。	

续表

4. 喷涂基础层 在翼子板和底盘上喷涂基础层涂料，喷涂时一定要均匀，尤其是翼子板附近。	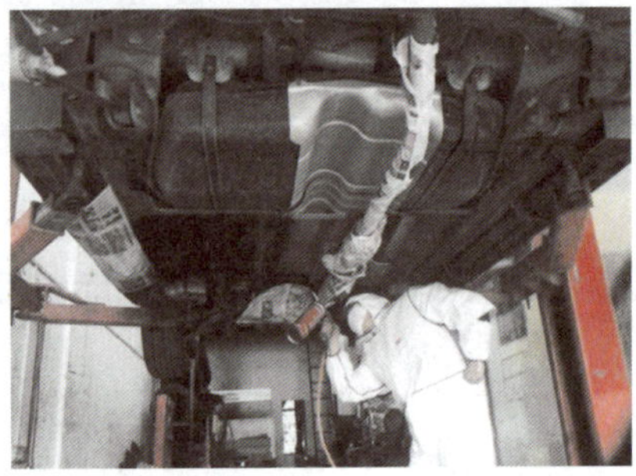
5. 喷涂添加材料 为了提高隔音、防水、防腐和防撞的效果，正规汽车养护店会对汽车底盘进行二次喷涂处理，即喷涂添加材料。它具有稳定和延长保护期的作用。中间要间隔 20 min，等待第一基础层干燥后再进行喷涂。	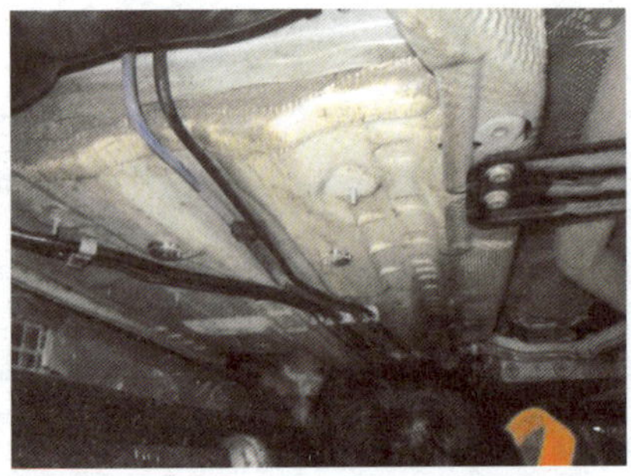

想一想

1. 底盘装甲就是对底盘的所有部位喷涂一种胶状物，达到保护底盘的目的，对吗？
2. 新车和旧车都可以做底盘装甲吗？

任务实施

1. 需进行底盘装甲汽车开至指定位置。	
2. 准备好底盘装甲使用的材料。	

续表

3. 在施工之前要将轮胎拆下，以便在内衬板上喷涂。	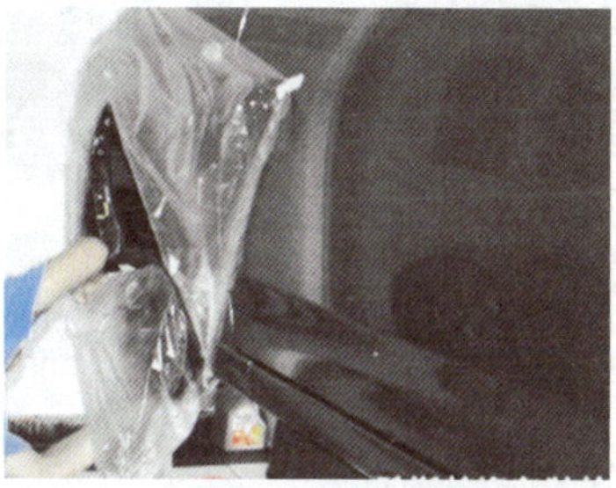
4. 将汽车底盘干燥、清洁，使汽车底盘保持最好的状态，以便底盘装甲发挥最好的保护效果。	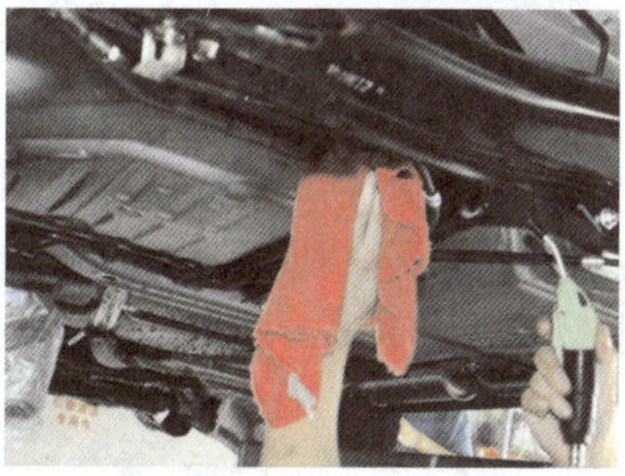
5. 遮挡非喷涂区。 底盘装甲并非是将整个汽车底盘都要喷上涂料，汽车的发动机、排气管、传动轴等都是不能喷上涂料的，以免影响其正常工作。	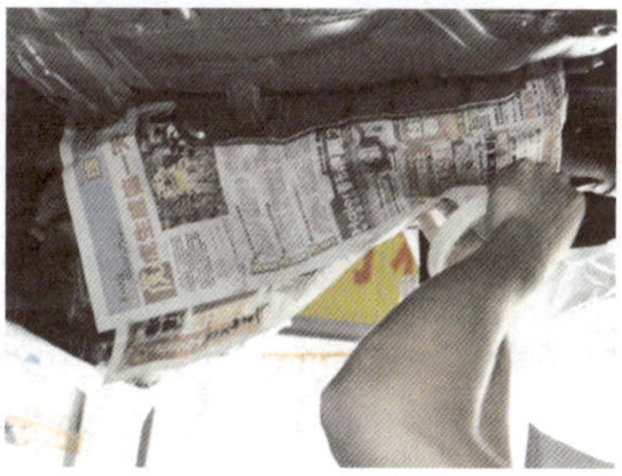
6. 施工过程中，为了防止涂料飞溅到车身或者旁边的物体上，在施工前就要用车衣将车身遮蔽，同时用塑料薄膜将车底的四周围住，并且还要在地面上铺上厚纸，以保护车身及施工场地的清洁。	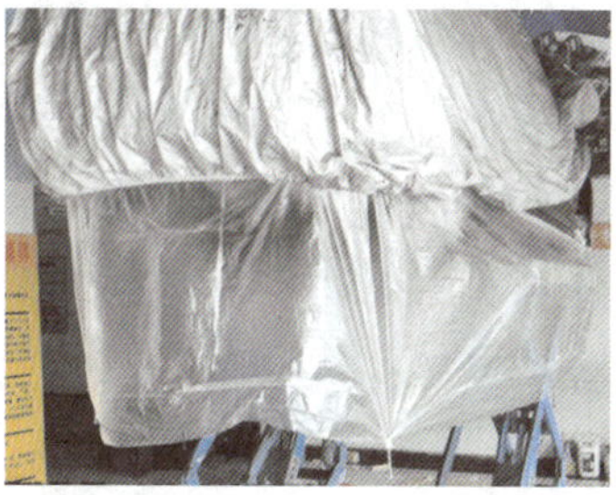
7. 施工中，要将涂料均匀地喷涂在底盘上，仔细地将汽车底盘上的缝隙封起来，让汽车每个位置都能得到保护。	

续表

8. 喷涂车轮内衬板。	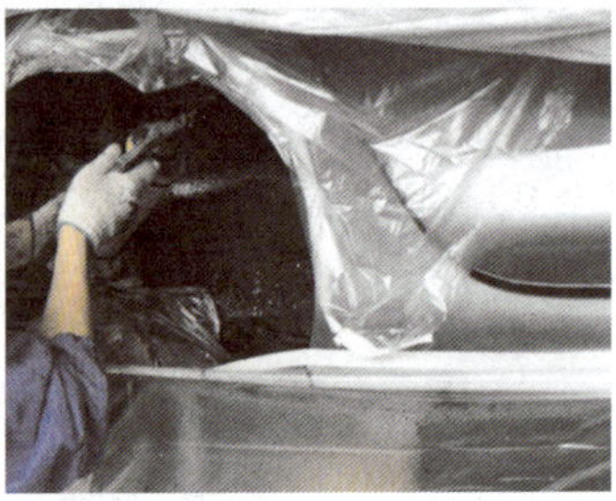
9. 底盘装甲一般不会一次性喷完，通常都是分两次喷涂，使涂料更加均匀地喷涂在汽车底盘上，同时也使涂料更快干燥。	

操作提示

1. 底盘装甲材料和稀释剂属易燃性材料，并且有一定的刺激性，调配时要注意防火，施工时要做好个人防护，佩戴口罩和防护眼镜，并保持作业场地的通风。

2. 不得将涂料喷涂到发动机油底壳、变速器、排气管、消声器等部位，也不要喷涂到转向、制动、传动、悬架等转动部位，以免干燥后影响其正常运转。

3. 施工后，一般需 24 h 才能自然干燥，在这期间应避免涉水行驶。

4. 喷枪施工气压≥0.5 MPa，喷枪距物体表面 15～20 cm，十字形喷涂，喷涂速度约为每秒 10～15 cm，喷涂在不易连续喷射的地方可以点射喷涂。

5. 喷涂过程中要注意不能喷涂部位。

6. 底盘装甲具有一定的厚度，是通过多次喷涂逐渐加厚的，下一次喷涂应在前一次涂层表面干后基础上进行。

7. 对于砾石击打产生噪声的部位，例如油箱、翼子板等，应重点喷涂，适当增加涂层厚度，以取得好的降噪效果。

8. 对于塑料材质的部件，一般建议不喷涂。

9. 施工后立即清洗喷枪。

课题 3　其他外部装饰

学习目标

1. 了解车身其他外部装饰的内容。
2. 能够进行一些其他外部装饰施工。

任务准备

一、美术字与图案

在汽车的外表面，经常需要用文字或图案进行涂装，以表达特殊装饰的需求。一些公务用车也往往需要进行标识。以文字与图案在汽车外表进行装饰是非常普遍和实用的。具体涂装方法有以下几种：

01 直接书法或绘画涂装

具有相当书法和绘画水平的操作者，可利用油漆笔或油漆刷，选择适当的色漆，直接将文字或图案书写或绘画到汽车外表特定的部位。这种操作方法对施工人员要求较高，否则容易出现质量问题，影响装饰效果。

02 刷涂法涂装

将需要的文字或图案在车身表面上描绘出底线，然后按底线进行涂刷文字或图案。这种做法比较简便，容易操作，但需要事先做出文字或图案的样板。样板的制作需要由高水平的书法和绘画人员事先做好。随着计算机的应用，可用计算机生成所需的文字或图案，作为涂装的样板。

03 漏板喷涂法涂装

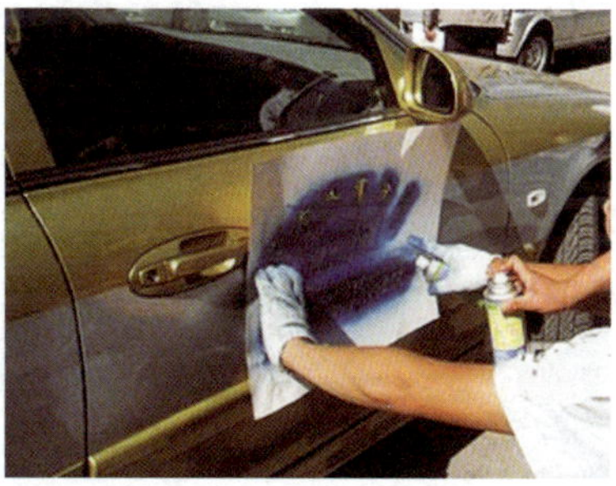

事先将需要的文字用薄纸板或薄铁板刻划成漏板，把漏板紧贴在需要的车身表面上，可用微型喷枪或前面介绍的喷漆器进行喷涂，使漆雾穿过有缝隙的漏板附着于车身表面，形成需要的文字或图案。

操作提示

1. 选择合适的工具和材料

在绘画时需选用规格适当的排笔、漆刷、油画笔、毛笔、粉笔、铅笔、直尺等工具。此外，还应准备一些辅助材料，如纸张、颜料和必须的涂料。

2. 涂料质量及施工黏度

涂料必须是适合车辆原漆膜的配套涂料。施工黏度应适当，黏度过大，不易流平，也不易施工，影响装饰效果；黏度过小或沾漆过多，易产生流挂，不能保证装饰质量。

3. 涂料颜色选择要适当

因装饰的车辆原漆膜有一定的颜色，在其上面涂装文字或图案，要求装饰后的文字或图案鲜艳并与原车颜色协调，给人以舒适的感觉。一般常用的颜色相配关系是：

（1）大红底配白字、黄字。

（2）枣红底配黄字。

（3）黄底配红字、黑字。

（4）正蓝底配白字、黄字。

（5）淡粉红底配大红字。

（6）肉红底配黑字。

（7）粉红底配酱色字。

（8）水绿底配黑字。

（9）蛋壳青底配黑字。

（10）浅绿底配黄字。

（11）正绿底配白字。

（12）橘红底配白字。

（13）橘黄底配黑字。

（14）玫瑰红底配黄字。

（15）朱红底配白字。

一般忌用的是正蓝底配红字、正绿底配红字，大红底配黑字等。

二、车身贴饰

车身贴饰是在车身外表贴上各种图案的装饰。车身贴饰按图案的不同可分为贴花和彩条两种。贴花的粘贴工艺比较简单，只要撕下背纸然后贴上即可。相对而言，车身彩条的粘贴则要复杂得多。

01 彩条的材质

市场上的彩条绝大部分是塑料制品和金属制品，以塑料最多。

02 彩条装饰步骤

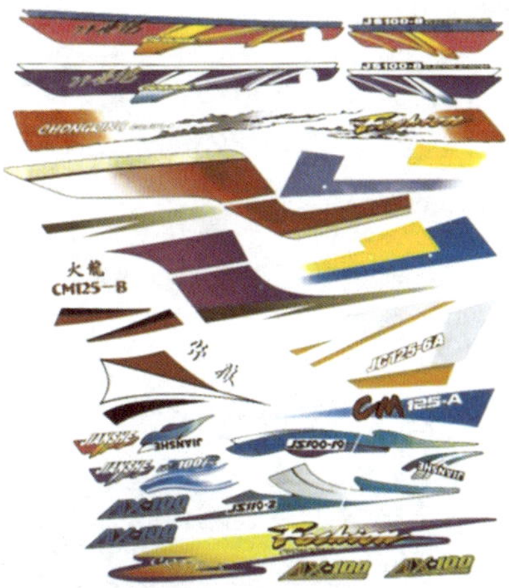

（1）选择彩条。在众多的装饰彩条中，应选择适合本车型又优质鲜艳的彩条作为装饰条，这种选择既是艺术水平和欣赏水平的体现，也是装饰者个性的体现。

（2）清洗。在车身外表需要装饰的部位，用专用清洗剂进行手工清洗，消除油污、尘垢，使其清洁和干燥，为彩条装饰施工做好准备，以保证施工质量。

（3）施工。将彩条的衬纸撕掉，按要求的部位把彩条粘贴上。在粘贴过程中，边贴彩条边用手对彩条进行贴压，排尽彩条与车身表面间的空气，不允许有气泡，要求贴实、贴牢。

03 彩条粘贴条件

（1）粘贴彩条只能在温度为16～27℃时进行。温度过高，会导致彩条变大，黏液迅速蒸发；温度过低会影响贴膜的柔性，从而影响附着效果。

（2）使用水和中性清洗剂将车身表面彻底清洗干净。为了使彩条正常地贴上去，车身表面必须没有灰尘、蜡和其他脏物。必要时，还应进行抛光处理。

操作提示

1. 彩条粘贴后，必须平整、光滑，不允许有皱褶产生。

2. 彩条与车身漆膜之间，不允许有空隙、气泡及异物存在。否则，会影响粘贴质量。出现空隙、气泡时，需压实排除。有皱褶或异物时，应返工重贴。

三、扰流板

在轿车行李箱盖上后端做成像鸭尾似的突出物，将从车顶冲下来的气流阻滞以形成向下的作用力，这种突出物称为扰流板。

安装扰流板的作用为：

（1）改善车型外观，使车身流线型更加突出，更引人注目。

（2）改善气体动力学性能，使汽车车轮与地面的附着力增加，提高汽车行驶的稳定性，保证汽车的安全行驶。

四、备胎套

备胎套是用于遮盖备胎的装饰品。备胎套不仅具有很好的装饰效果，使整个车身协调美观，而且可避免备胎遭受日晒、雨淋等自然侵蚀，防止备胎老化。

五、行李架

行李架是安装在轿车顶部，用于放置货物的装饰品。

行李架一般采用镀锌板及铝合金材料制作，具有表面光滑、安装方便、坚固耐用及不伤车身等特点。安装行李架时，一般由车顶排水槽或车门框的上缘来扣住行李架的基座。

任务实施

1. 采用漏板喷涂法对出租车喷涂统一图案

（1）选用坚韧的牛皮纸裁割成适当大小的矩形正方形块，然后用油漆刷蘸清油或清漆刷涂 1～2 遍。

（2）待牛皮纸晾干后，将选好的图案或字样复印在纸面上，将一块平板玻璃垫在牛皮纸下面，然后用锋利的刻刀镂空图案或字样。

（3）根据车漆的颜色选择涂料的颜色。

（4）进行底色面漆喷涂。

（5）在底色面漆干透后进行图案喷涂。将漏板贴在需涂装的位置，然后喷上文字或图案。

操作提示

刻制漏板时一定要注意留好连筋，即在刻制时除了应该镂去的部分以外，其余留用的部分都应和整张纸相连接，否则不好进行后续操作。

2. 车身直线形彩条粘贴

（1）测量所需彩条的长度。将贴膜拉直，剪下比所需长度长几厘米的彩条。

（2）清洗车身，保证车身表面清洁。

（3）将彩条的背纸撕去，并将前几厘米贴在待贴位置。

（4）抓住彩条的松端，避免手指弄脏彩条，皮肤上的油脂会影响附着性能。

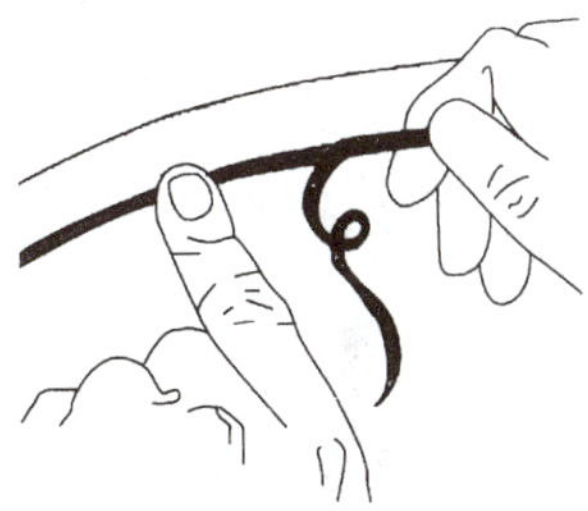

（5）小心地拉紧彩条，但注意不要拉长。如果在粘贴时彩条被拉长，日后就会起皱。

（6）利用车身的轮廓线作对齐的参考线，仔细检查彩条是否对齐。

（7）彩条对齐后，贴到车身表面上。一个长条要一次完成粘贴，不能分段粘贴，以保证直线度。

（8）再次检查彩条对齐情况，如果彩条不够直，小心地把彩条撕开，再试一次。

（9）用橡皮滚子或软布压、擦彩条。

（10）彩条末端可使用小刀或单刃刀片切割，注意动作要轻，切勿划破车身表面涂层。

3. 车身曲线形彩条粘贴

当粘贴曲线形彩条时，应借助底图的帮助（如曲线板）或用画线笔绘制导向图。

（1）剪下足够长度的彩条。

（2）用右手画出曲线弧，在曲线成形后，用左手的食指把彩条按压在车身上。

（3）不要撕去过多的背纸，为避免弄脏附着表面，手持彩条处的背纸不要撕去。

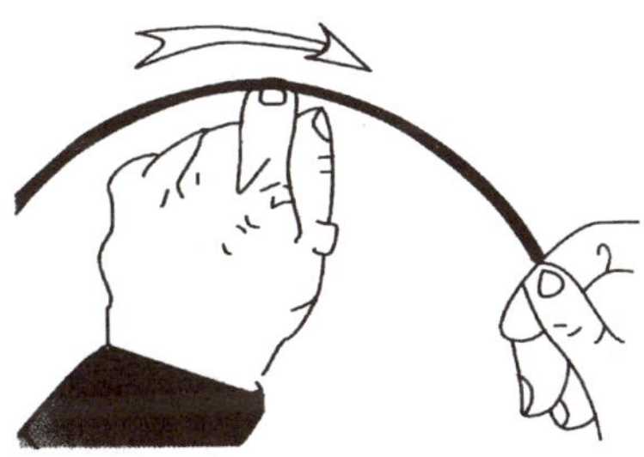

（4）保持两手沿固定的曲线运动。曲线运动过程中需要适度拉紧，但应尽可能避免拉长。

（5）如果第一次操作失败，小心地撕开彩条再试一次。在不好操作的某些情况下，可两手交替进行粘贴。

（6）曲线彩条贴好后，将其压紧，以获得持久的附着性能。

（7）其他操作项目与直线形彩条粘贴相同。

单元五　汽车内室装饰

课题 1　犀牛皮的粘贴

学习目标

1. 了解犀牛皮的作用。
2. 能够规范粘贴犀牛皮。

任务准备

犀牛皮即汽车漆面保护膜，或称防划膜，是一种高性能聚氨酯薄膜，具有超强的韧性，能够抗刮划、抗碰撞。贴上它可以使汽车漆面高磨损区域表面免遭损坏，所以被形象地称为犀牛皮。

一年以上车龄的汽车绝大部分都有碰撞、刮划痕迹，易划伤的部位有门把凹处、车前后保险杠四周、后视镜背面、四门踏板、车轮罩周围等。在这些部位上贴上“犀牛皮”就能使汽车漆面最大限度降低刮划损伤。

贴了犀牛皮以后是否会影响汽车外观呢？当然不会。犀牛皮有非常高的透明度，粘贴在车身上的透明膜几乎看不出来，不会遮盖或改变汽车本身的漆面颜色。因此，犀牛皮正受到越来越多的用户青睐。

任务实施

1. 用米尺测量出门板的长度。

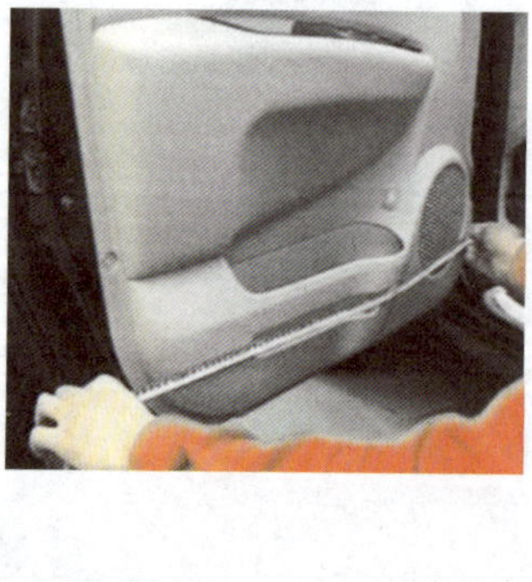

2. 按照门板的长度裁出相应大小的犀牛皮。

3. 在门板下方喷上适量的万能泡沫清洗剂。

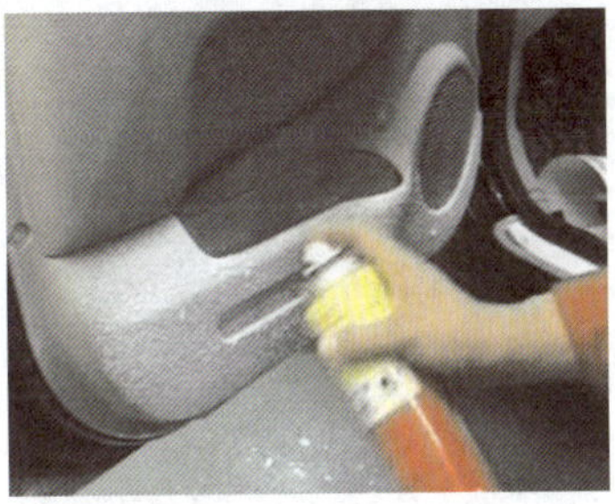

4. 将准备贴犀牛皮的位置清洗干净，用毛巾擦干。

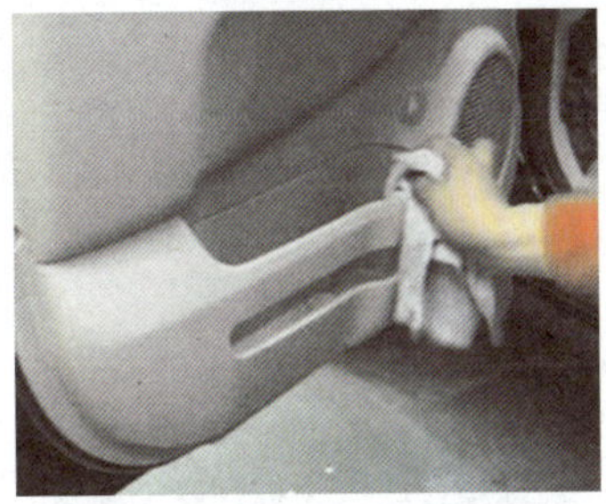

5. 用热风枪烘干。

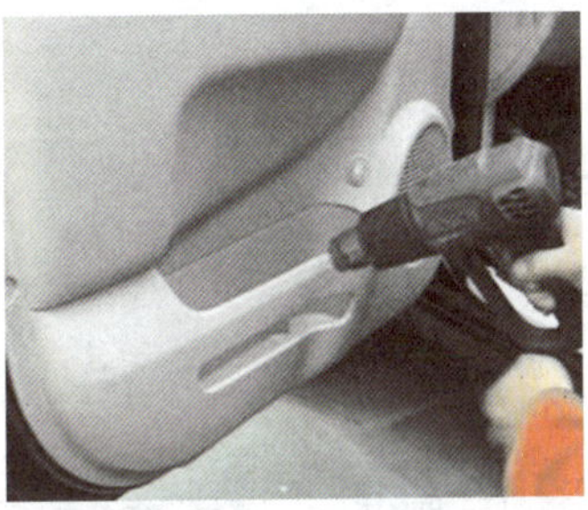

6. 将犀牛皮揭开，先将一侧贴上并压紧压实。

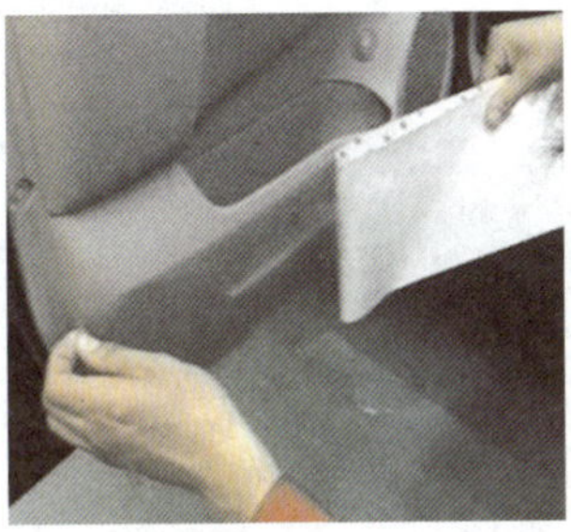

7. 将犀牛皮另一侧边粘边用热风枪软化，使其可以更好地粘贴到有弧形的位置上，然后慢慢用手擀平，边粘边烤直到全部粘贴上。

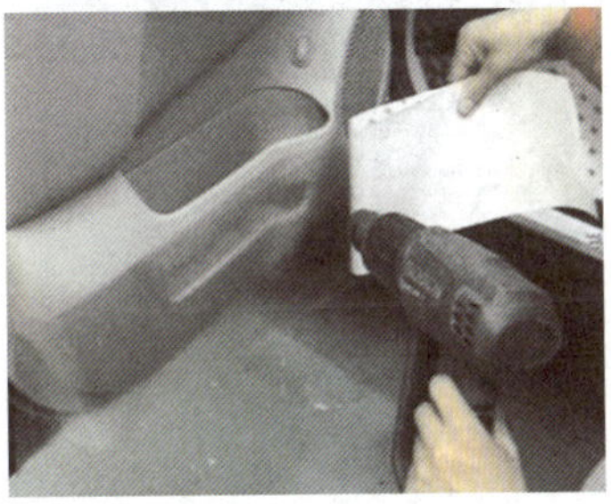

8. 有褶皱的地方可以用热风枪软化，然后慢慢地将褶皱擀平。

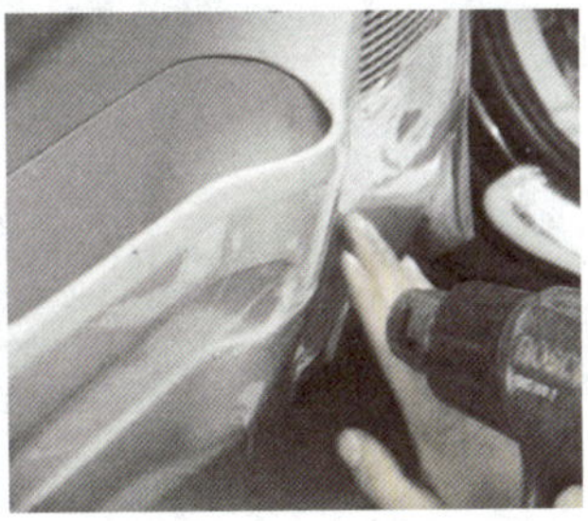

9. 用专用的裁刀将多余的部位裁切掉，裁的时候在犀牛皮上划一个印，不要划透，防止划伤门板，划好后直接拿掉即可。

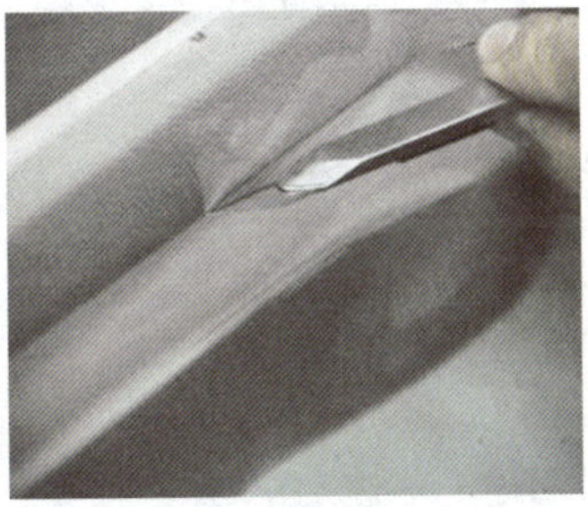

10. 再用裁刀裁掉音响上的多余部分，然后用热风枪将犀牛皮均匀加热，使其更好地贴在门板上。

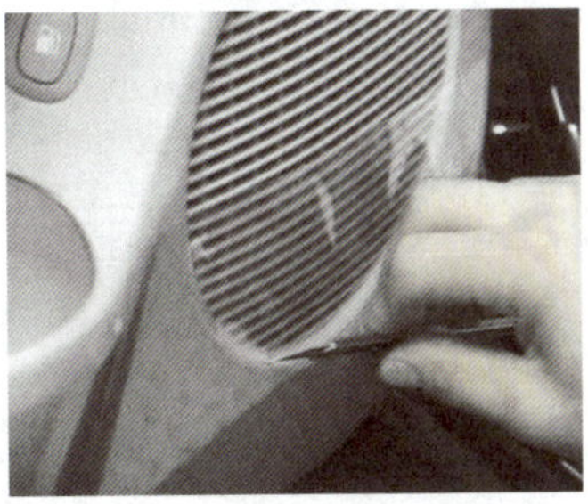

11．将门槛部位拆下来，用米尺量出相应大小的犀牛皮，在门槛上喷上适量的泡沫清洗剂，用抹布擦拭干净。

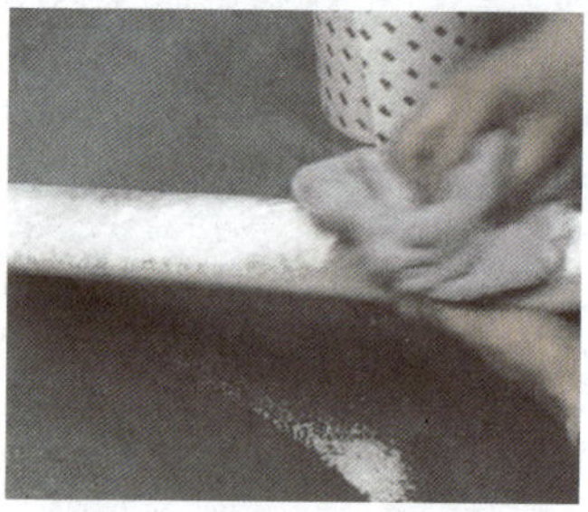

12．将犀牛皮揭开，粘贴在门槛上。

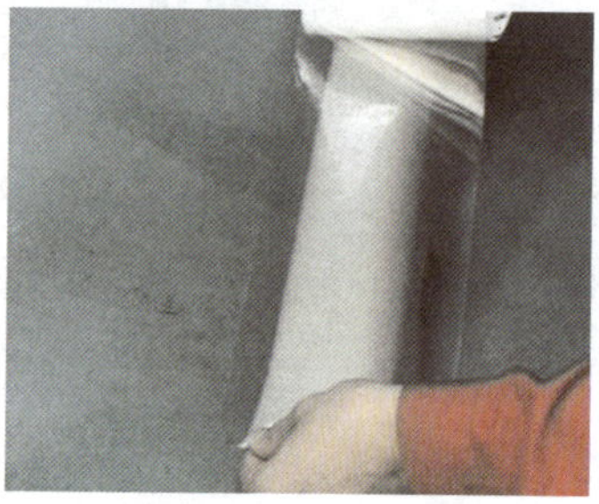

13．用热风枪适当的加热，用手抚平。

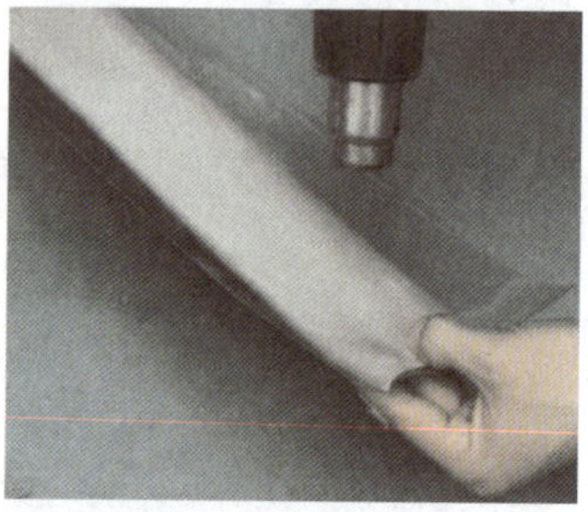

14．边缘多余的部位粘到背面粘紧。

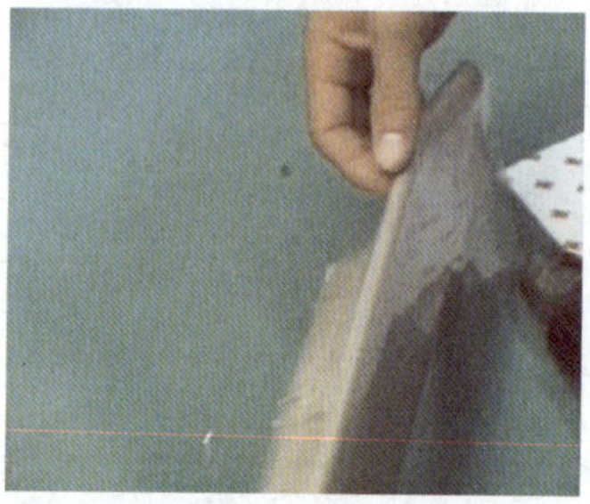

15．粘好后安装回原来的位置。

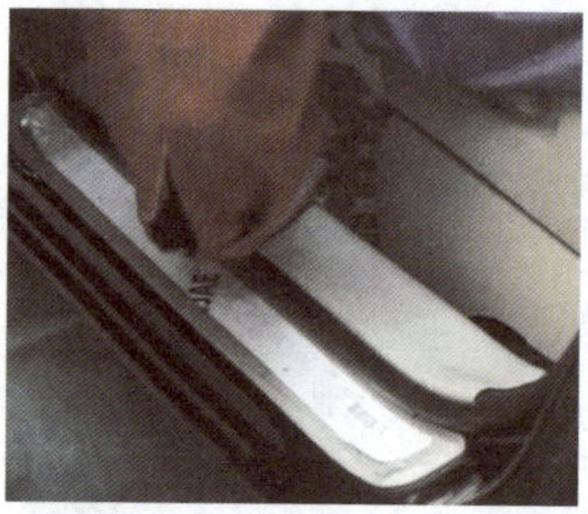

16．用抹布将手扣内擦拭干净。

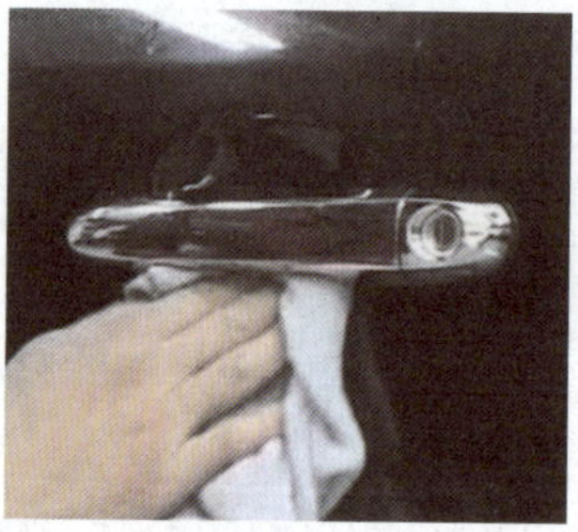

17．取合适大小的犀牛皮由上至下慢慢放入手扣内。

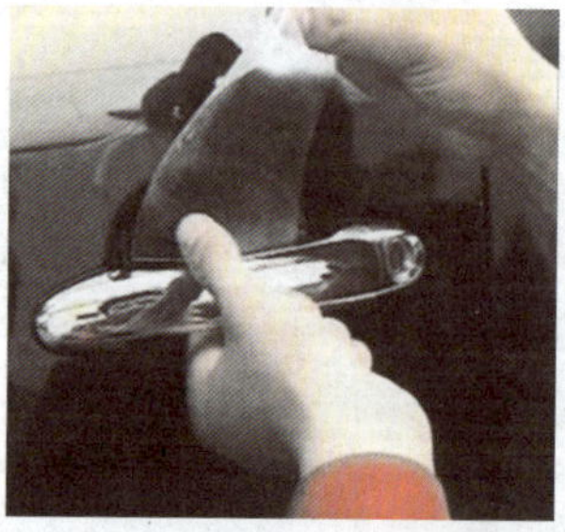

18．将上下边缘固定。

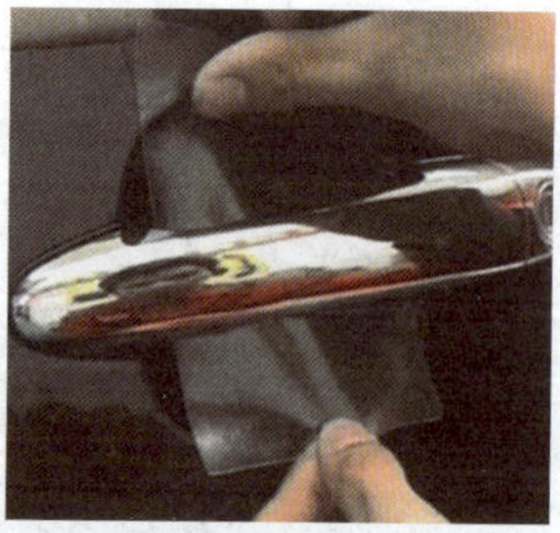

19. 用加热枪将犀牛皮加热烤软。

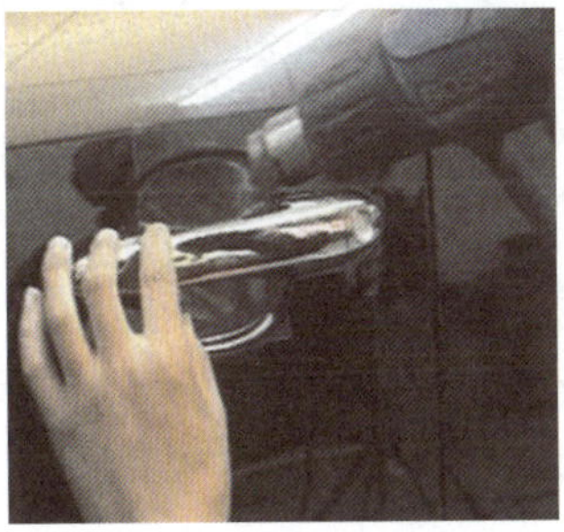

20. 用手指在中间的位置先固定住，然后均匀地向两侧擀压，擀尽气泡。

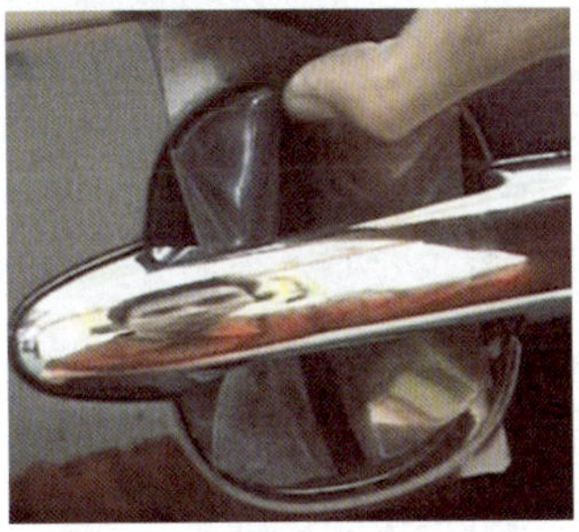

21. 用裁纸刀将多余的边缘去掉，划的时候要注意不要划透犀牛皮，避免将车漆表面划伤。最后用加热枪加热固定。

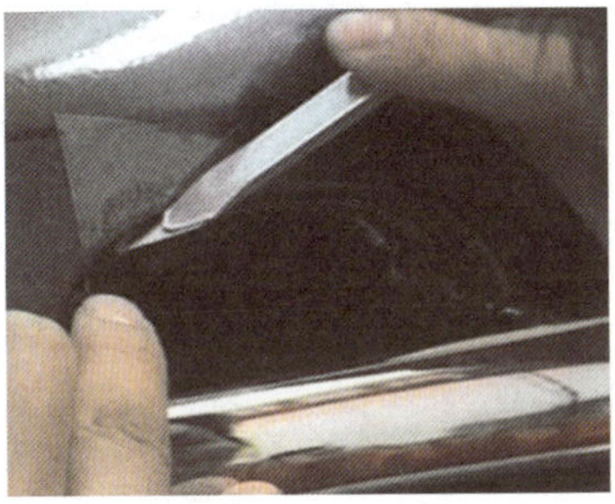

22. 清洁倒车镜漆面。

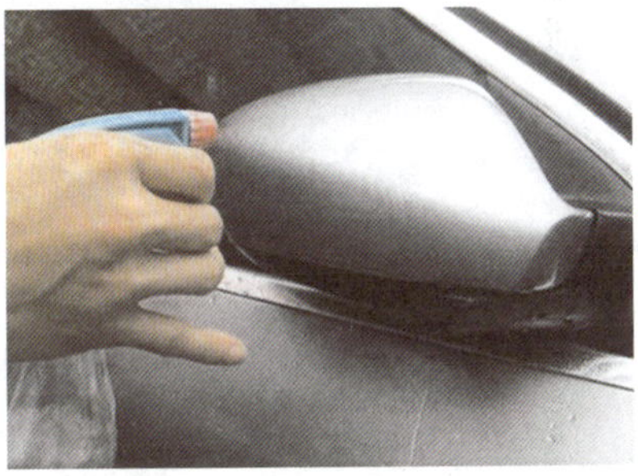

23. 将裁好尺寸的犀牛皮粘贴对位。

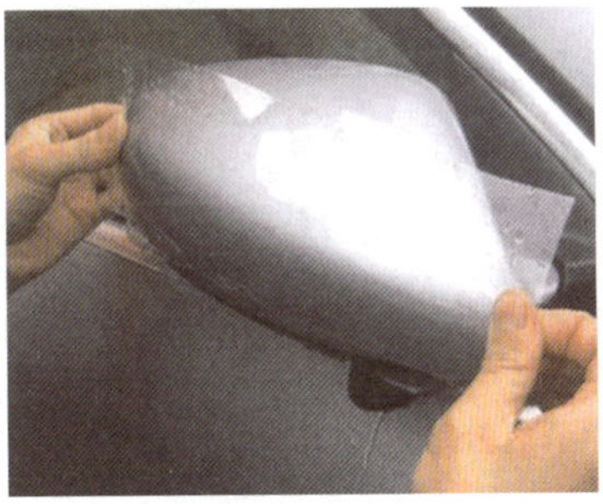

24. 用薄片作为工具刮压犀牛皮，使其平整。

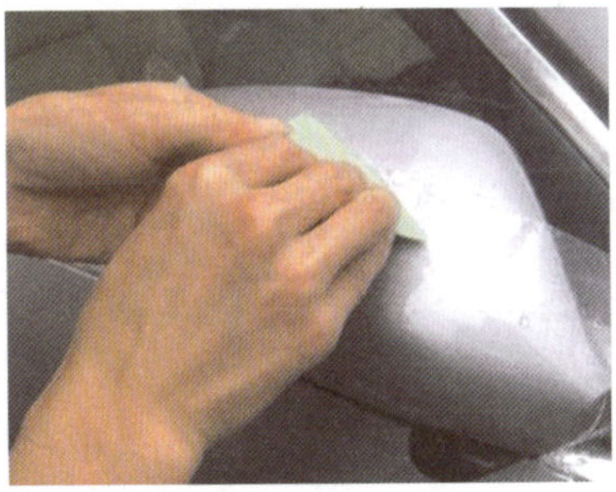

25. 将多余的部分裁剪掉。

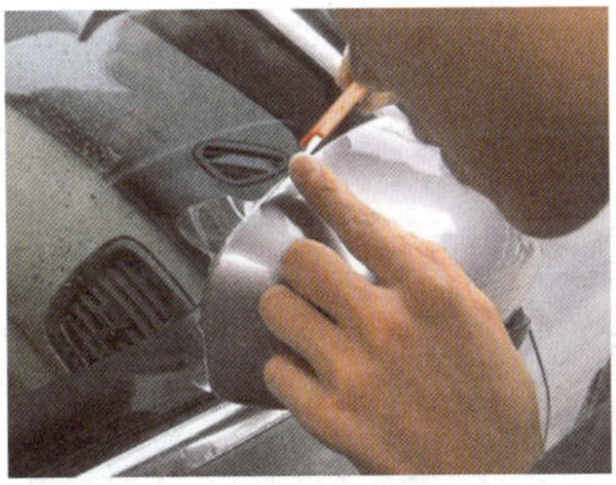

26. 施工完毕效果图。

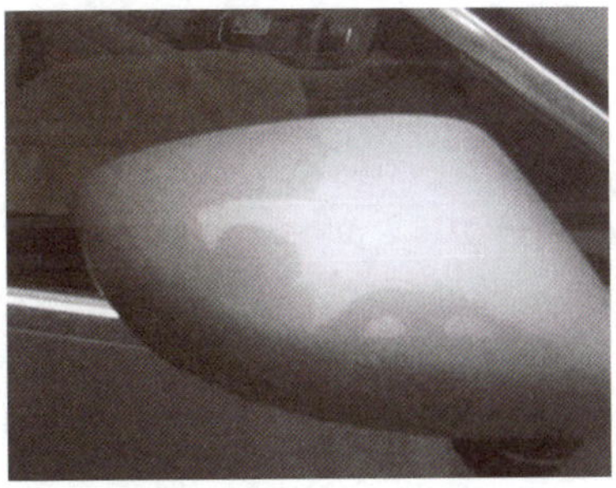

课题 2　加热垫的安装

学习目标

1. 了解汽车座椅的结构。
2. 能够规范安装加热垫。

任务准备

一、轿车座椅的结构

轿车座椅的典型结构为复合型结构，由骨架、填充层和表皮层三大部分组成。

01 骨架

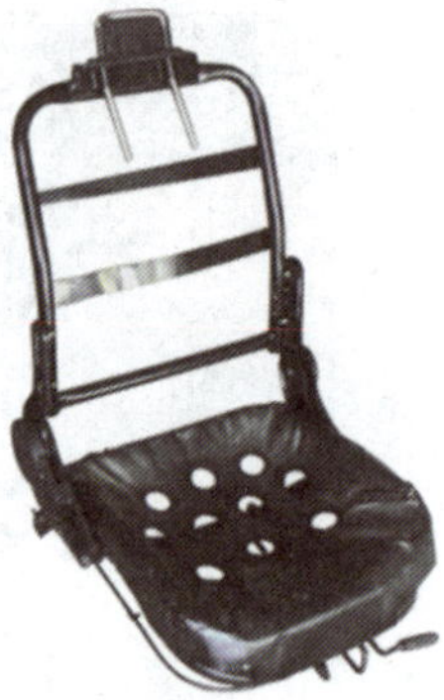

座椅的骨架主要用金属型材制作，主体是金属焊接结构，起到座椅的定型和支承人体的功能；有些靠背和坐垫用薄钢板冲压成形。

02 填充层

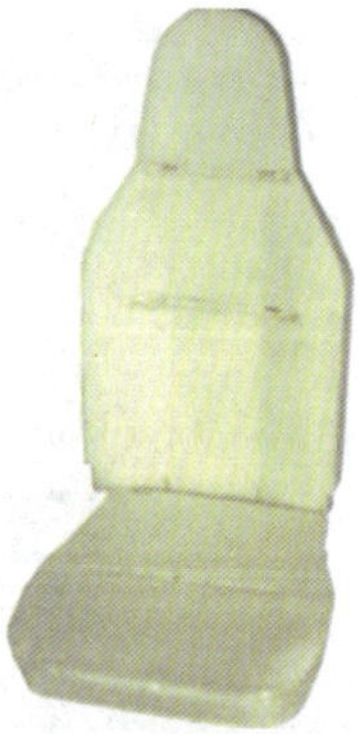

为了增加人们乘坐时的舒适感，在座椅骨架上增加填充物，一般用发泡塑料制作定型的填充层，柔软舒适，造型佳且不易变形，还具有一定的弹性，既提高了座椅的舒适性，又易于座椅的批量生产，并保证座椅的质量。

03 表皮层

轿车座椅的表皮层是座椅质量和装饰的重点部位，轿车表皮层一般用真皮或织物制作。

二、汽车加热坐垫

冬天，汽车空调一开，车内温暖如春，座椅上却冰冷如冬。在汽车座椅下和靠背上安装加热系统，可使座椅快速升温，使驾乘人员感到舒适。座椅的加热温度一般有几挡供选择。

任务实施

1. 将车辆的后座椅拆掉。

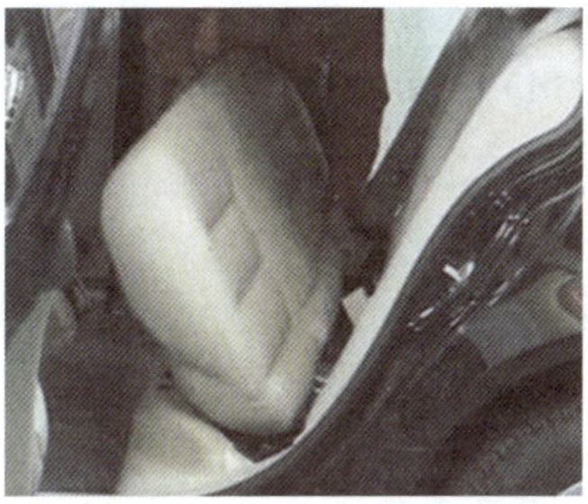

2. 把后头枕取下。

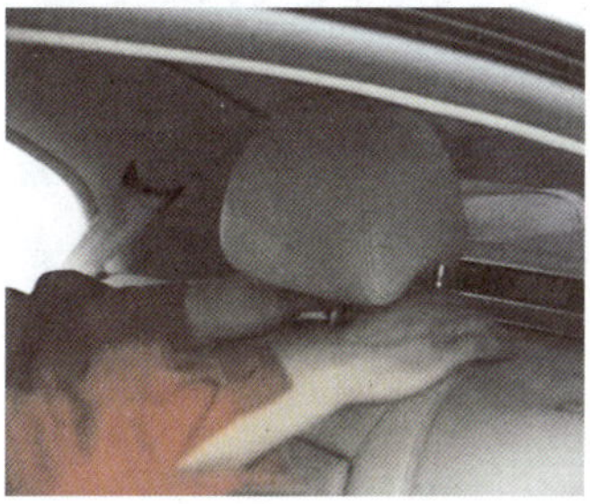

3. 拆下后靠背。

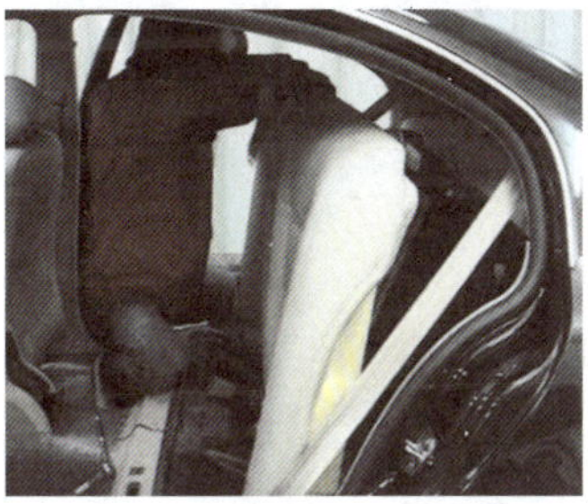

4. 将前座椅的滑道盖拆下来。

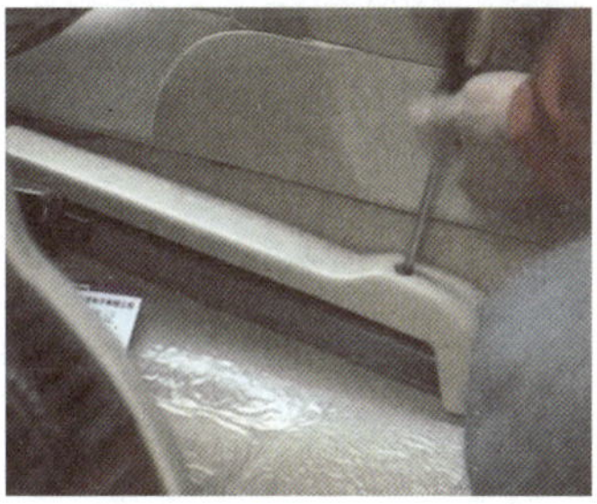

5. 取下座椅。

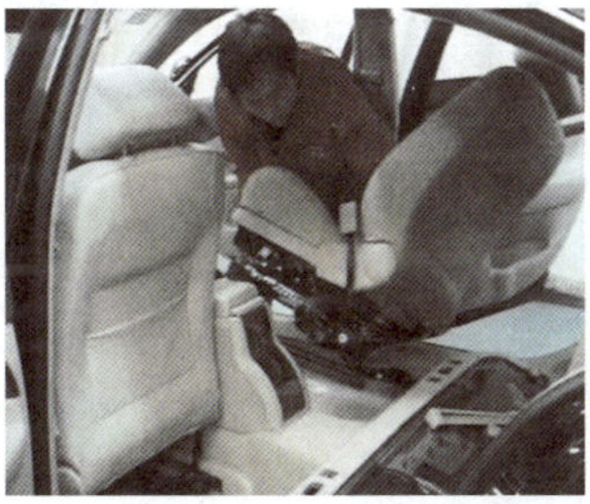

6. 将后坐垫翻过来，用钳子取下皮革固定钉。

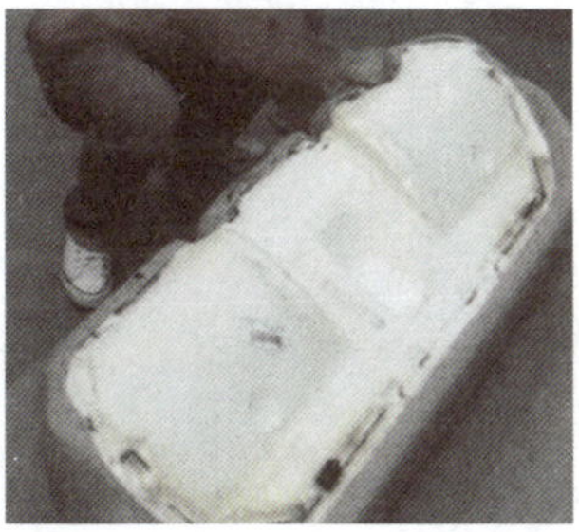

7. 剥掉皮革。

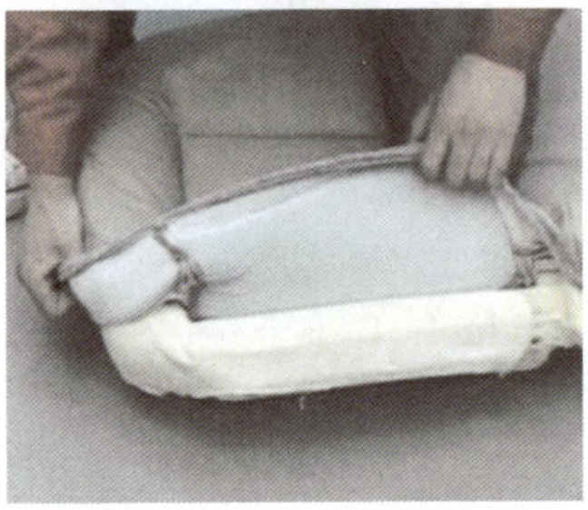

8. 拆下皮革里面的固定钉。

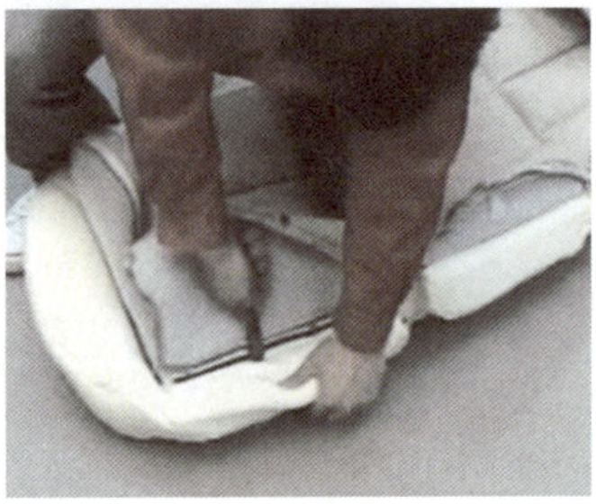

9. 把加热垫之间相连的部位剪断。

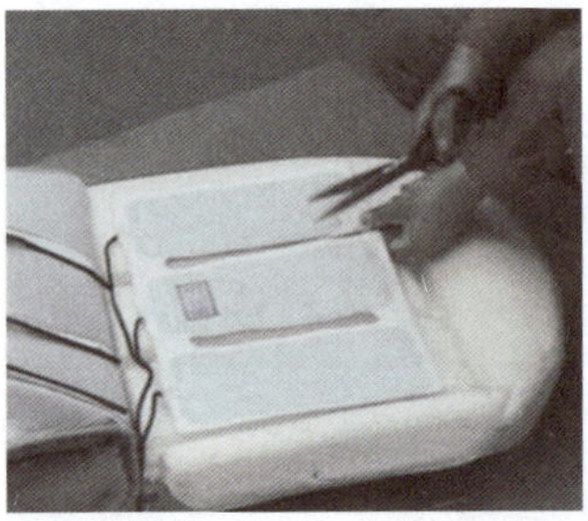

10. 在加热垫的背面贴上双面胶。

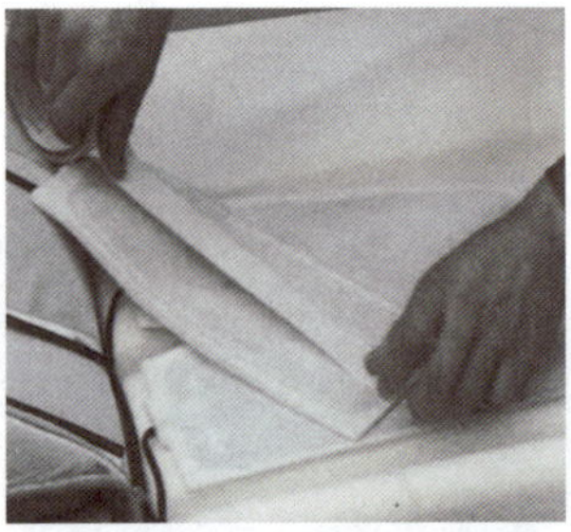

11. 将加热垫粘在海绵上固定，其他两片用相同的方法粘上。

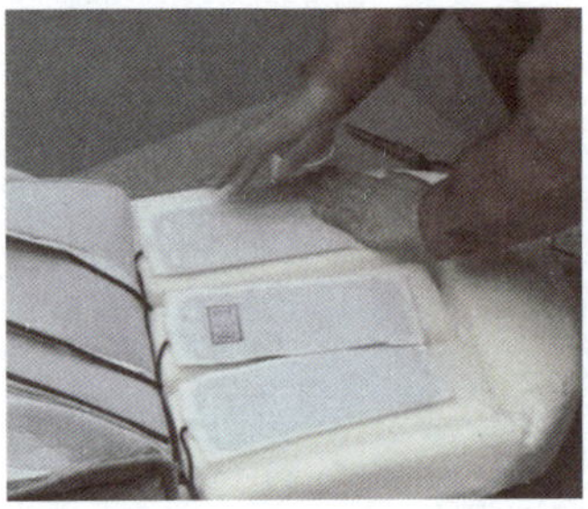

12. 使用专用工具将皮革部分再恢复到原来的位置。

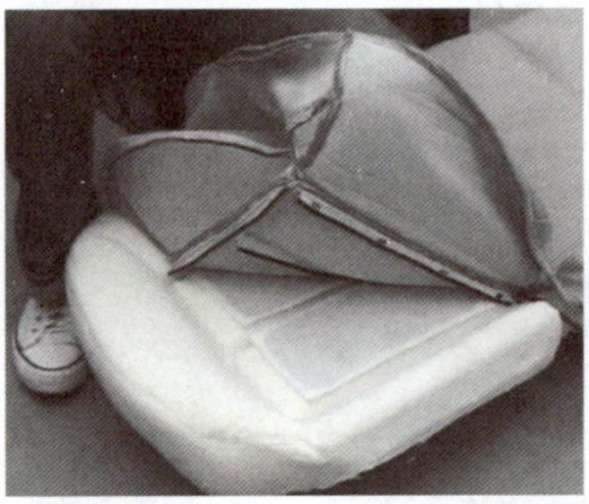

13. 两侧都安好后把坐垫反过来，把皮革边缘用工具固定在坐垫的背面，这样坐垫上的加热垫就安装完成了。靠背上的加热垫安装方法基本相同。

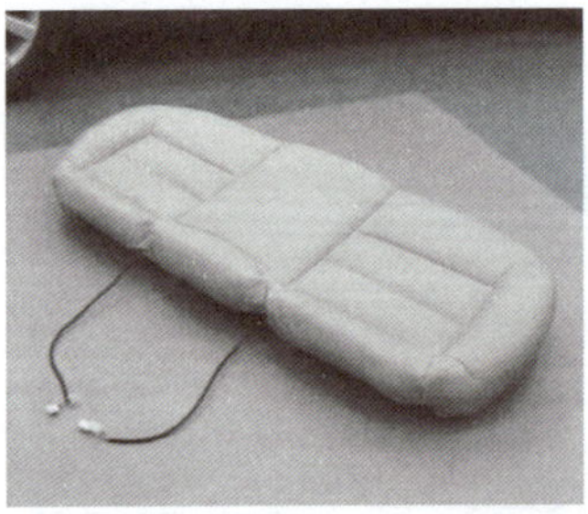

14. 从车内后方地毯下方向前穿过两根电源线，然后再穿回去一根，穿到另一侧前车座的位置。

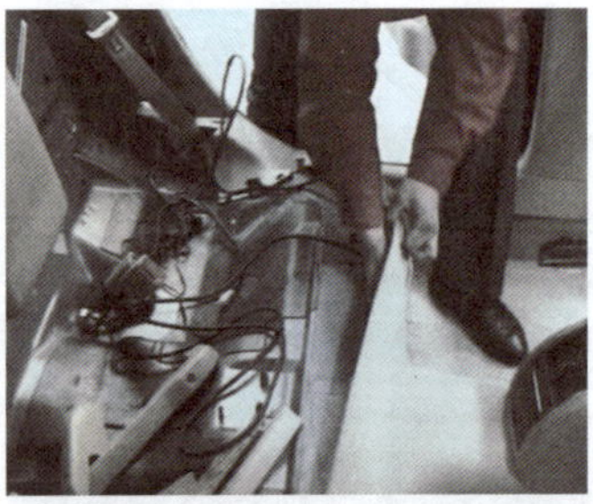

15．将电路盒盖打开。

16．把侧面的螺钉拧下来。

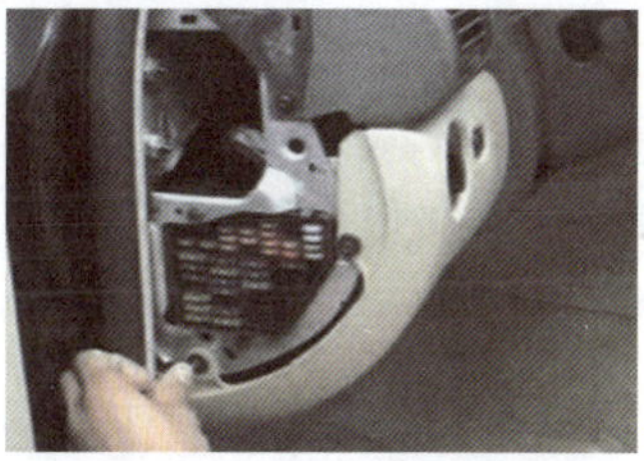

17．拆下仪表盘下方的装饰板。

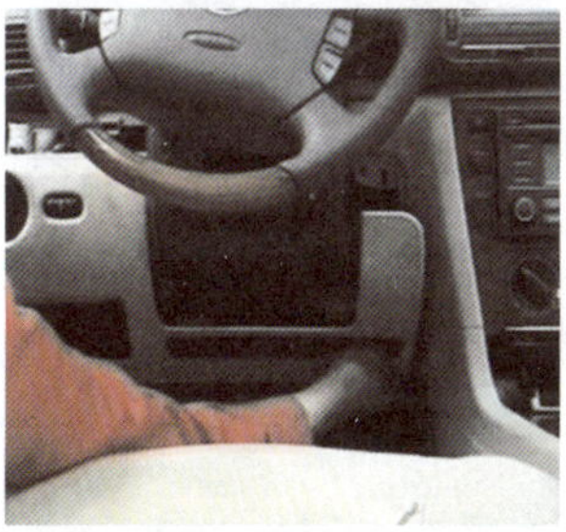

18．用电笔测一下电源。

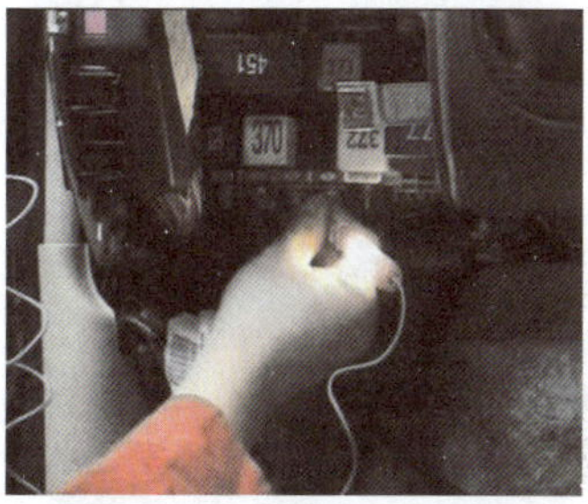

19．把螺钉适度松动一下，把电源线固定在上面拧紧。

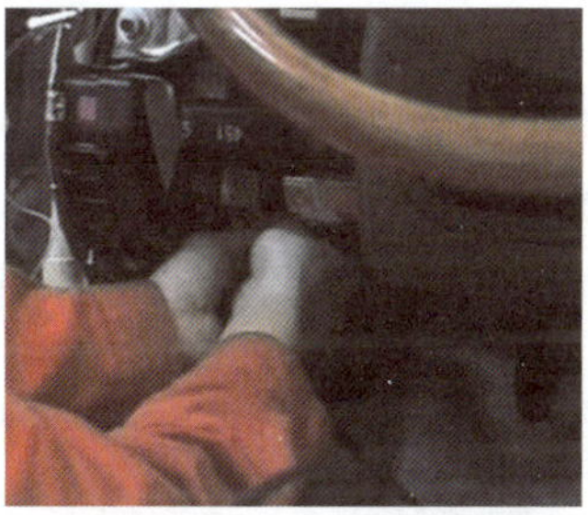

20．把钥匙门控制线固定在车体上，安装钥匙门控制线，用绝缘胶带缠绕固定。

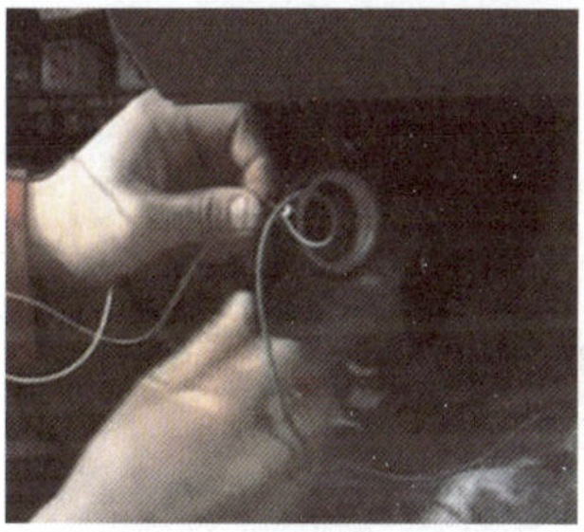

21．检查熔丝是否完好，测试钥匙门控制线。

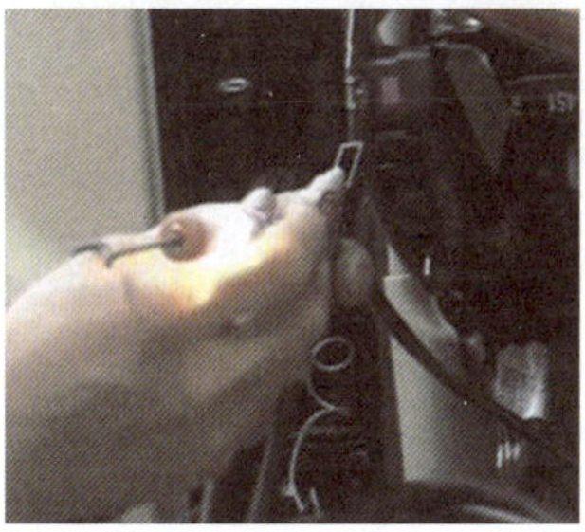

22．使用音响专用钥匙拆下 CD 主机。

23．拆下桃木装饰件。

24．取下原车预留开关口盖。

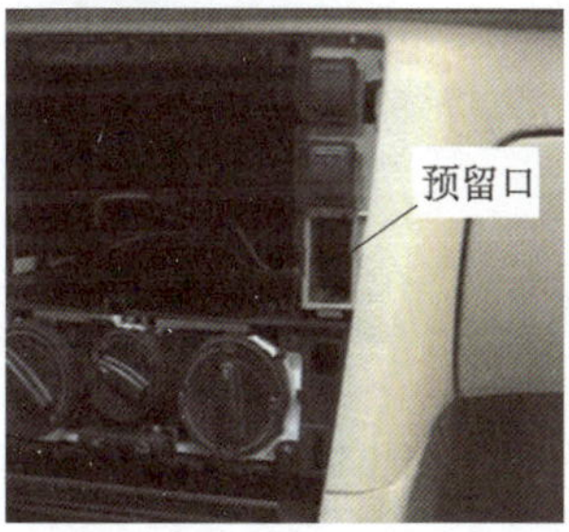

25. 将加热垫调温开关穿进去。

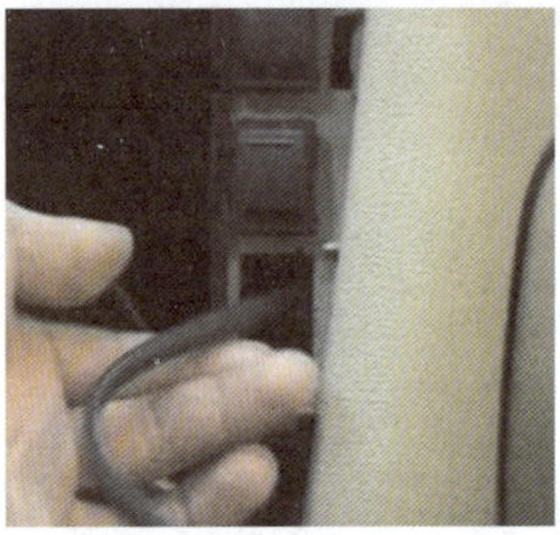

26. 另一侧也穿过一个调温开关，按紧固定好。

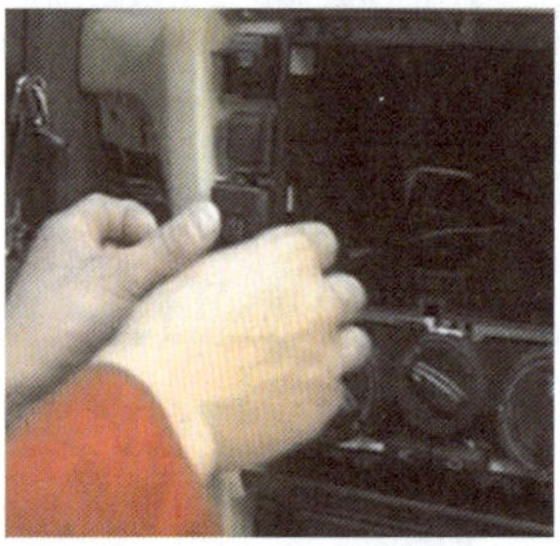

27. 将调温开关与线束连接。

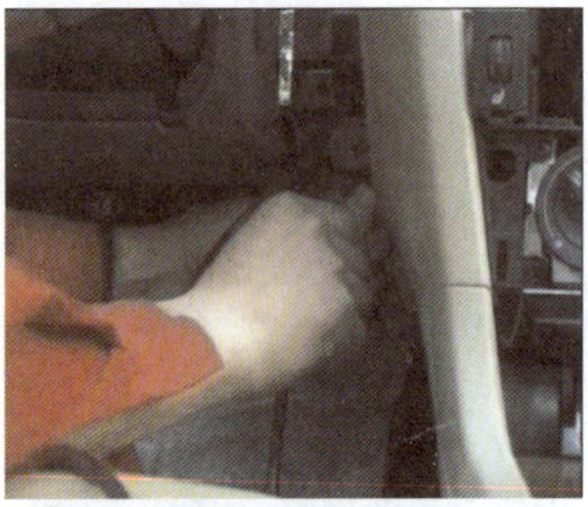

28. 将饰板安装回原来的位置。

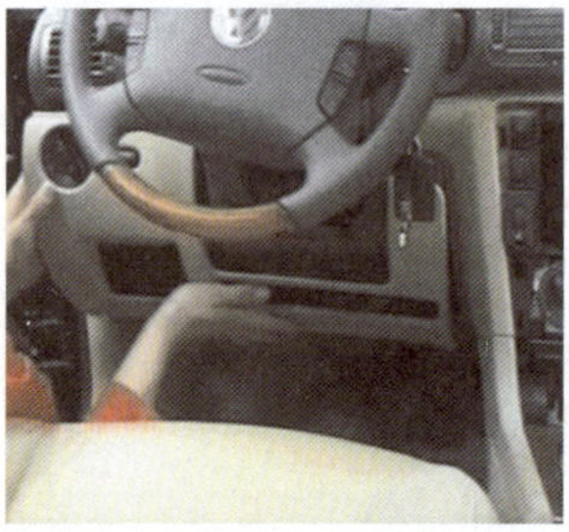

29. 用螺钉固定电路盒盖。

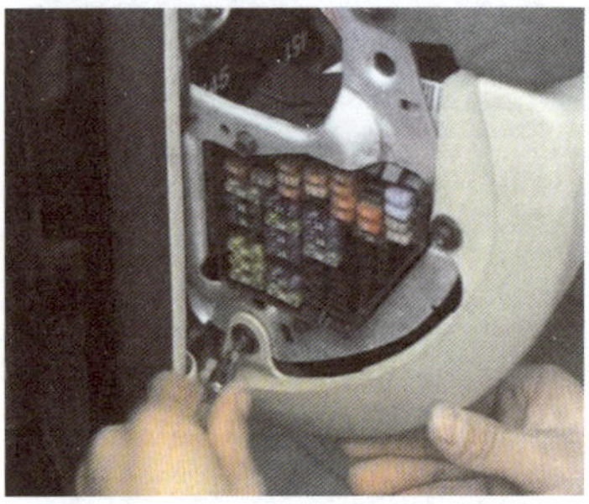

30. 将安装好加热垫的后座椅装回到原来的位置。

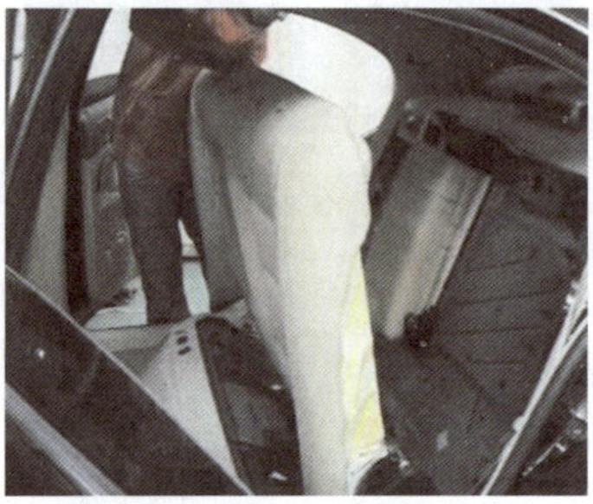

31. 把电源线连接固定好，就完成了安装全过程。

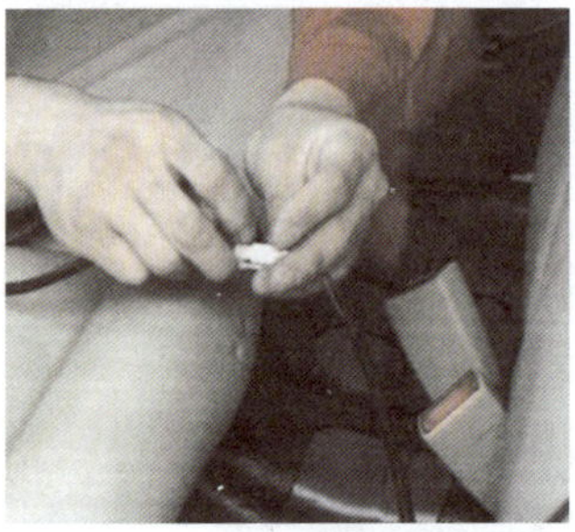

课题 3　其他内室装饰

学习目标

1. 了解其他内室装饰。
2. 能够进行坐垫的安装。

任务准备

一、汽车坐垫与枕垫

1. 汽车坐垫

（1）柔式坐垫　主要由棉、麻、毛及化纤等材料制成。棉麻混纺坐垫具有透气性能优良、韧性强、易于日常清洁护理等特点；棉毛混纺坐垫具有柔软、舒适、透气性能好等特点；化纤混纺坐垫具有透气性好、价格低等特点，但容易产生静电。

棉麻混纺坐垫

棉毛混纺坐垫

（2）帘式坐垫　主要由竹、石和硬塑料等材料制成小块单元体，然后将单元体串接成帘状制成坐垫。该坐垫具有极好的透气性，是夏季行车的理想选择。

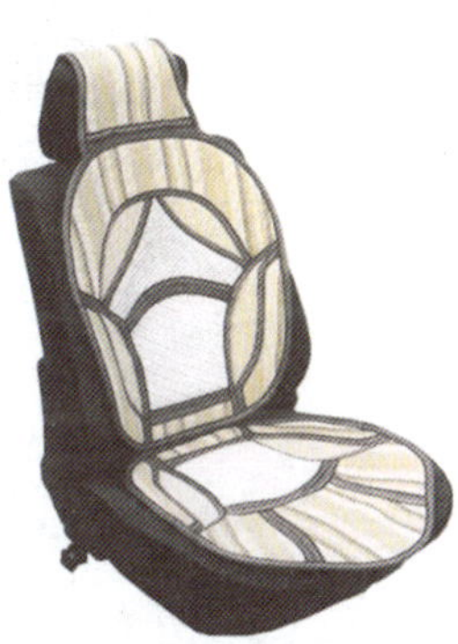

用硬塑料制作的坐垫

竹制品坐垫

(3) 电动按摩坐垫　电动按摩坐垫具有振动、加热的功能，按摩臀部、背部和颈部肌肉，放松紧绷的肌肉，促进人体血液循环，起着良好的保健作用。

电动坐垫

2. 汽车枕垫

汽车枕垫有头枕、颈枕、腰垫等种类，其中腰垫有普通腰垫和电动按摩腰垫两种。

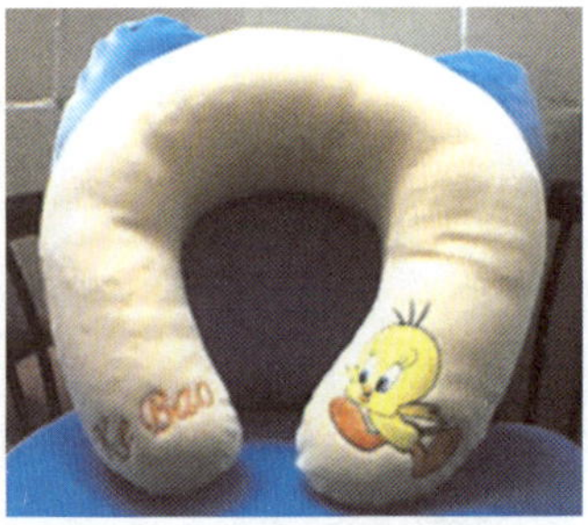
颈枕

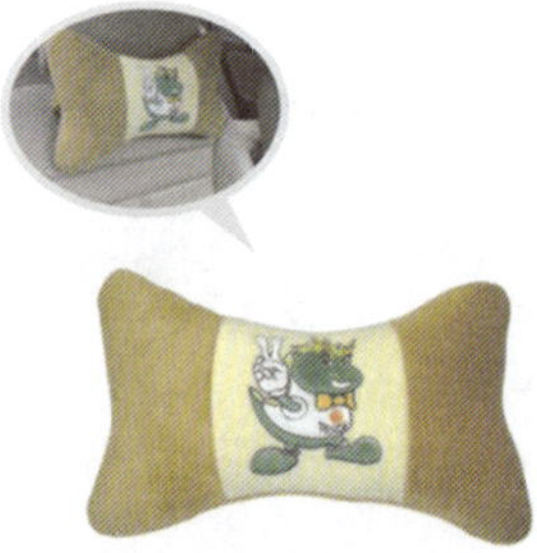
头枕

普通腰垫

电动腰垫

3. 儿童安全座椅

儿童安全座椅是一种专为不同体重（或年龄段）的儿童设计，将孩子束缚在安全座椅内，能有效提高儿童乘车安全的座椅。欧洲强制性执行标准 ECE R44/03 的定义是：能够固定到机动车辆上，带有 ISOFIX 接口、LATCH 接口的安全带组件或柔性部件、调节机构、附件等组成的儿童安全防护系统。在汽车碰撞或突然减速的情况下，可以减少对儿童的冲压力和限制儿童的身体移动从而减轻身体伤害。

二、香品装饰

1. 香品的作用

(1) 保持车内空气卫生　车用香品能够对车内的空气进行清洁、净化，能杀菌、消除异味，保持车内空气清新。

(2) 有利于行车安全　车内使用香品后空气清新，对驾驶员及乘客都能起到刺激作用，在一定程度上降低事故的发生。

(3) 增添车内情趣　车用香品不但能营造温馨而舒适的车内小环境，而且还具有独特的装饰效果。

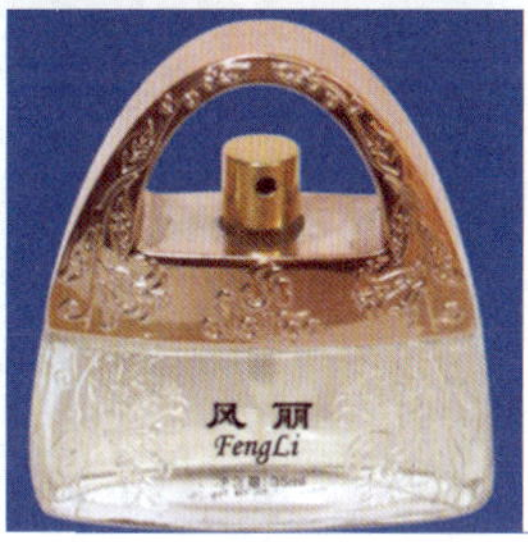

2. 香品的分类

市场上的香品，按形态可分为气雾型、液体型和固体型三种。

(1) 气雾型　主要由香精、溶剂和喷射剂组成。

(2) 液体型　主要由香精与挥发性溶剂混合而成。这类香品比较普遍，选用的人较多。

(3) 固体型　将香精与一些材料混合加压而成。

3. 汽车香品的位置

汽车香品通常可作为装饰物摆放在仪表板上，或作挂饰使用。也可将香品放在空调的通风口，利用气流的流动，在很短的时间内使香味充满车内，清除异味的效果好。

提示

汽车香品摆放应尽量远离驾驶位，以免汽车制动或发生突发状况时，带来不必要的麻烦。

三、氧吧

氧吧利用车内空气流通原理，能有效除去各种有害物质，将车内细菌、病毒等有害气体、粉尘一扫而光，同时释放出富含氧气、自然清新的健康空气。

氧吧配一个点烟器的插头，插在车上的点烟插口上即可使用。

四、置物袋

1. 特点

(1) 造型高雅可爱，增加爱车品位。

(2) 布料一般采用高级麂皮制成，质感柔软、美观、耐用。

(3) 可放置移动电话、口红、梳子、饮料等，美观实用。

2. 安装方式

将产品卡在汽车出风口上即可。

五、安全带套

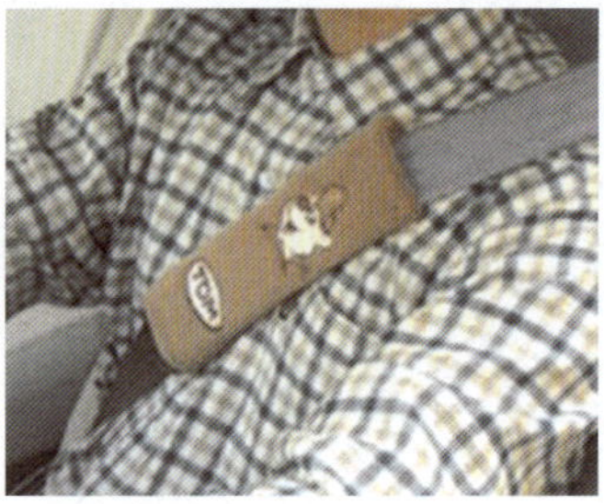

安全带套的特点是造型高雅可爱，采用高级麂皮制成，可以减轻开车特别是制动时，安全带绑在身上所带来的不适感。

将产品打开，包在汽车安全带上，再用产品本身的自粘布包住即可。

六、操纵杆套

其主要有变速杆套和驻车制动杆套两种，安装简单，套上即可。

七、转向盘套

在转向盘上装上高档皮革制作的转向盘套，不仅美观，而且可以防滑。其具有透气性良好，富有弹性，安装接触紧密，吸汗性能强等特点。

八、遮阳板罩

位于遮阳板背面，用尼龙搭扣牢牢固定于遮阳板上，可放置地图、笔纸、驾驶证、零钱、明信片等物品，取用非常方便。

任务实施

实训 1　前排坐垫的安装

1. 套入坐垫背心。

2. 套好坐垫头套。

3. 取出卡盘。

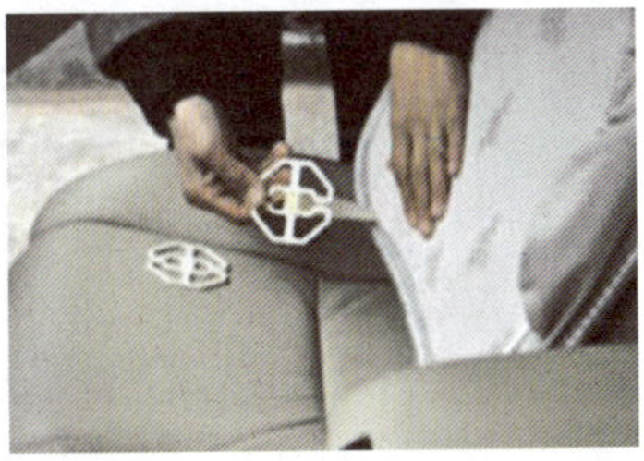

4. 安装好卡盘。

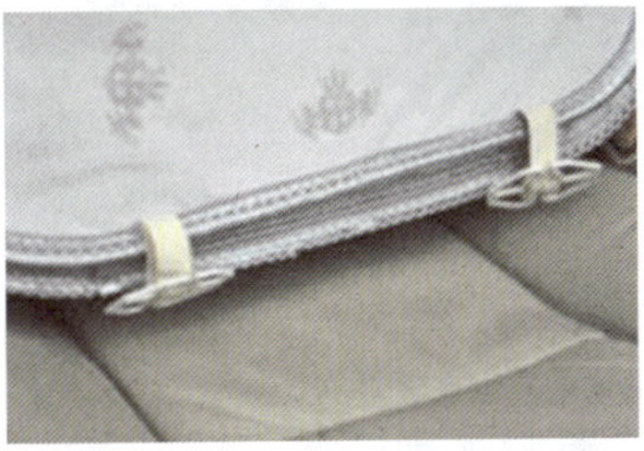

5. 将卡盘塞入缝隙。

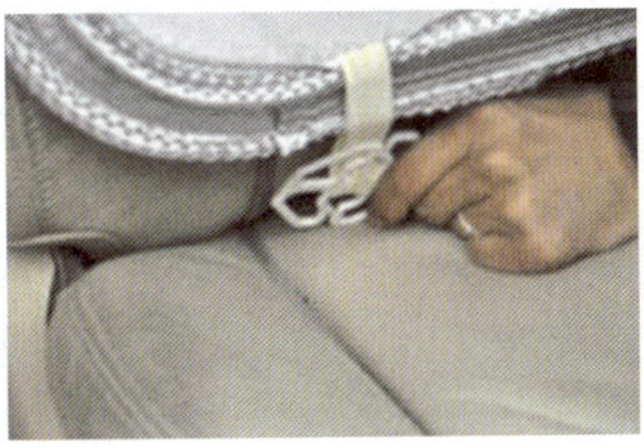

6. 塞入卡盘后卡住。

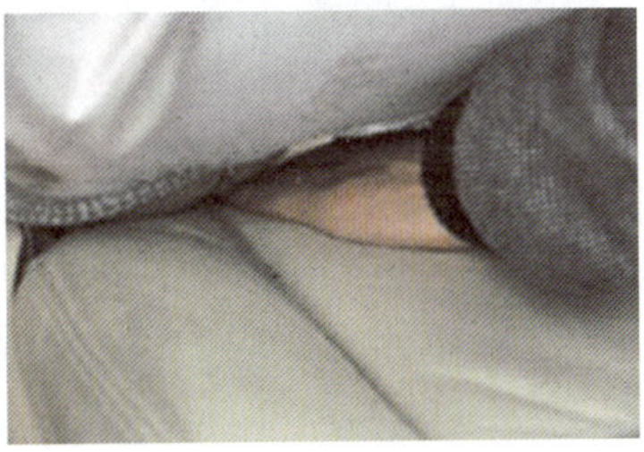

7．卡好卡盘。

8．调整好坐垫围裙。

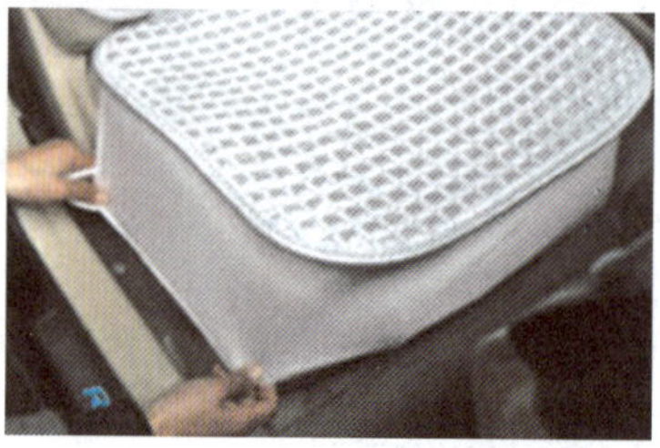

9．将坐垫围裙的松紧带卡好。

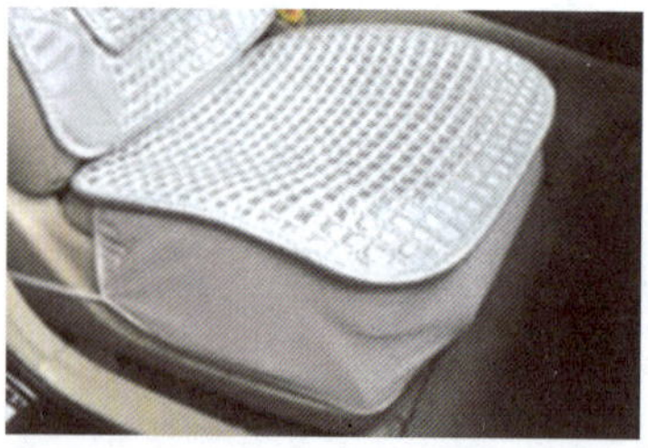

10．套入坐垫头枕。

实训 2　后排坐垫的安装

1．套入后排汽车坐垫。

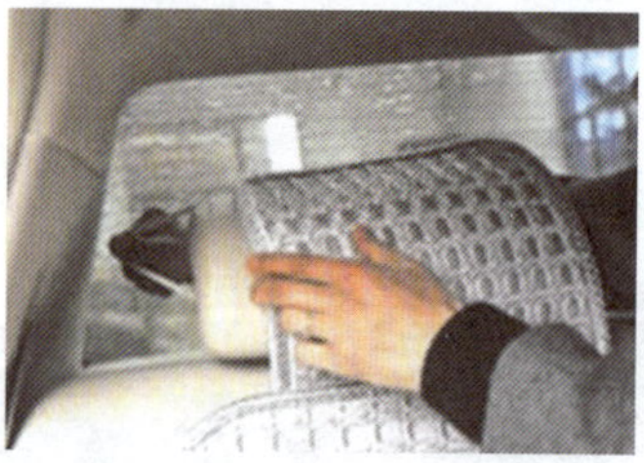

2．安装卡盘。

3．用手扶起后排长座椅，套入长排汽车坐垫。

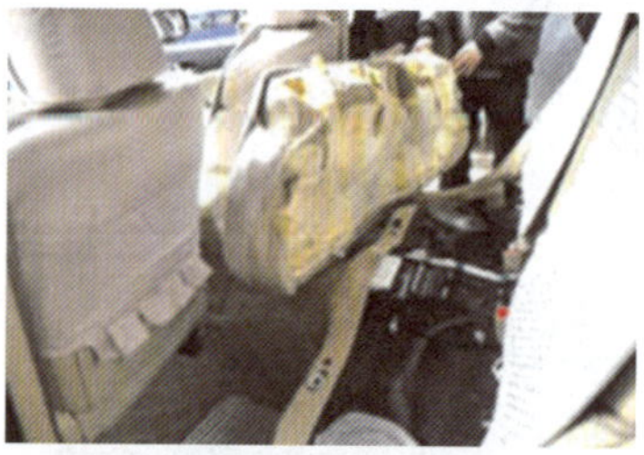

4．安装卡扣卡好松紧带。

5．调整好坐垫位置。

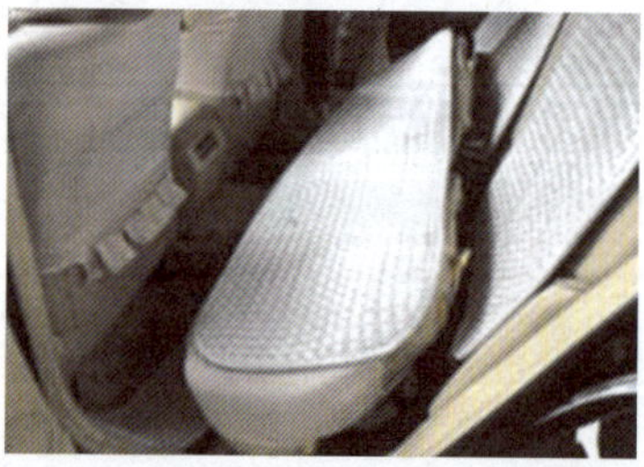

6．装回后排长座椅。

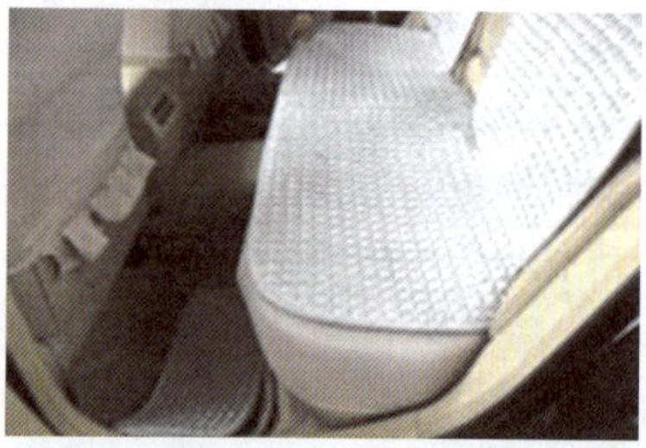

7. 按出扶手准备套入。

8. 推成斜角时再套入。

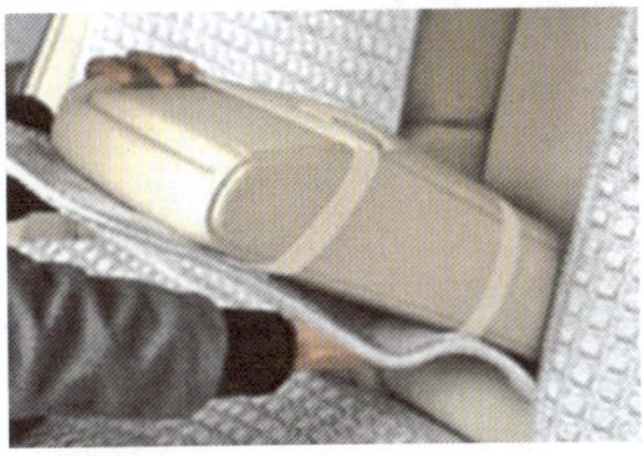

9. 推回扶手。

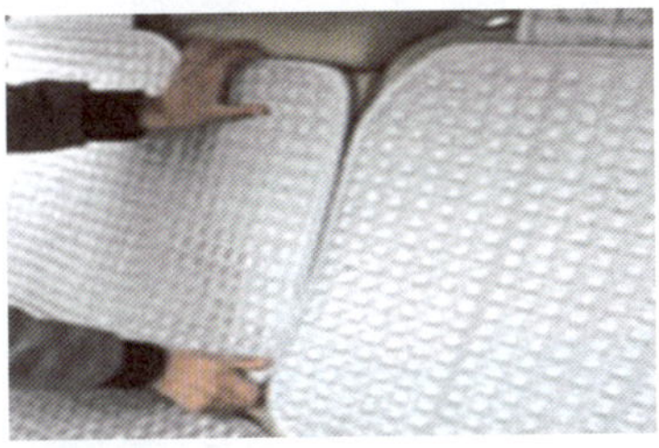

10. 卡好原先安装好的靠背卡扣。

11. 两边一定都要卡牢。

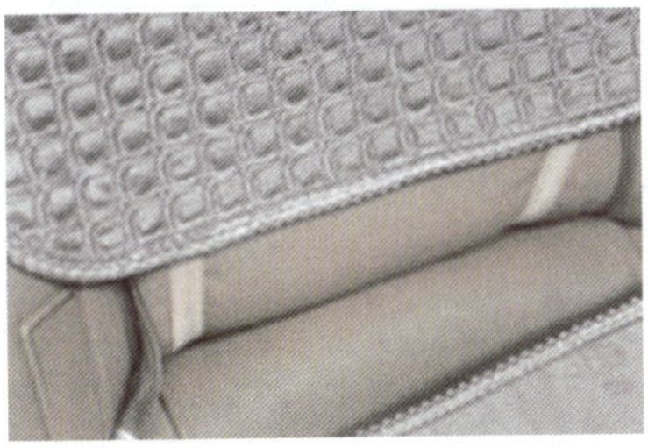

12. 最后进行整体调整。

单元六　汽车电子设备安装

课题1　倒车雷达的安装

学习目标

1. 了解倒车雷达的工作原理、安装工具及设备。
2. 能够正确选购倒车雷达。
3. 能够正确安装倒车雷达。

任务准备

一、倒车雷达的工作原理

倒车雷达又称泊车辅助系统或倒车电脑警示系统，是汽车倒车时的安全辅助装置。现在市面上的倒车雷达大多采用超声波测距原理，由主机、感应器（探头）、喇叭、显示器、摄像头等组成。带摄像头的倒车雷达为可视倒车雷达，可通过显示器看到车后的情景，极大地提高了驾驶员倒车或起动时判断的准确性。

倒车雷达的工作原理为：倒车雷达通电，车辆进入倒挡时，启动倒车雷达，探测器主机自动进入工作状态，在控制器的控制下，由装置于车尾保险杠上的探头发送超声波，遇到障碍物产生回波信号，传感器接收到回波信号后经控制器进行数据处理，从而计算出车体与障

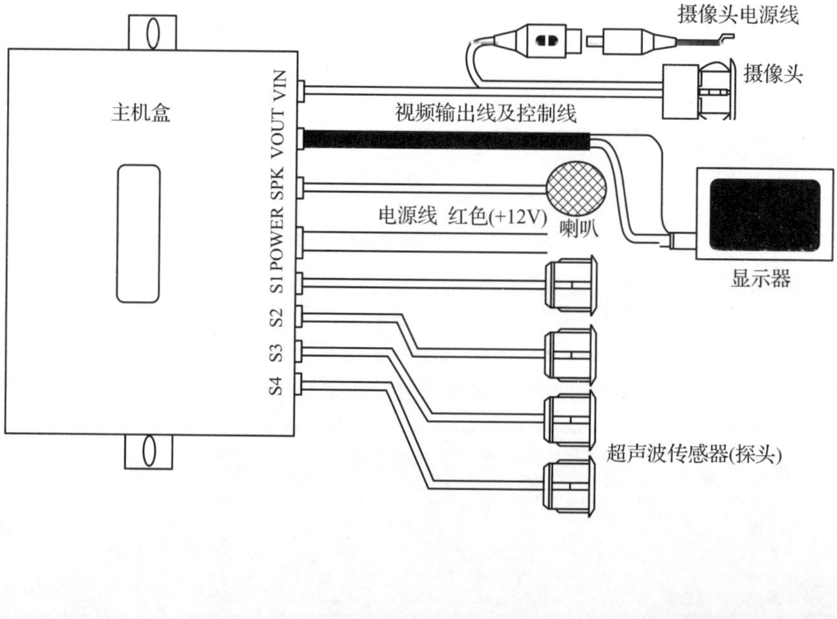

碍物之间的距离，判断出障碍物的位置，再由显示器显示距离并发出警示信号，从而使驾驶者倒车时不撞上障碍物。整个过程，驾驶者无须回头便可知车后的情况，使倒车更容易和安全。

二、倒车雷达的选购

选购倒车雷达应从产品的功能、基本性能及质量等多方面综合考虑。功能齐备的倒车雷达应有距离显示、声响报警、区域警示和方位指示，可视倒车雷达还要有清楚的真实画面。倒车雷达属于一次性投入的汽车用品，因此最好选购质量过关，可靠性能高的市场主流产品。

高质量的倒车雷达在探测范围、准确性、显示稳定性和捕捉目标的速度和灵敏度等方面表现更好。大多数倒车雷达的探测范围在 0.4～1.5 m，有的甚至可以达到 0.35～2.5 m。探测范围越宽，在倒车时能越早地监测到目标。探测的准确性主要看两个方面：一是看显示的分辨率；二是看探测误差，即显示距离与实际距离之间的误差。优质产品的探测误差应低于 3 cm。显示稳定性指在障碍物反射面不太好的情况下，能否始终捕捉到并稳定地显示出障碍物的距离。捕捉目标速度和灵敏度反映了倒车雷达对移动物体的捕捉能力，灵敏度越高，越能有效避免因探测不及时引起的碰撞事故。

三、安装工具及设备

名称	图示	说明
1. 鲤鱼钳	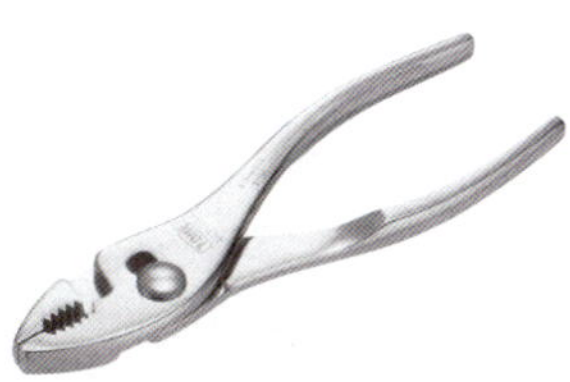	用来夹持扁形或者圆形工件的专用钳，因外形酷似鲤鱼而得名。一般有两挡尺寸可调，可放大或缩小使用，在汽修行业中运用较多

续表

名称	图示	说明
2. 尖嘴钳		能在较狭小的工作空间操作，不带刃口者只能用于夹捏工作，带刃口者能剪切细小零件，主要用于汽修行业
3. 旋具	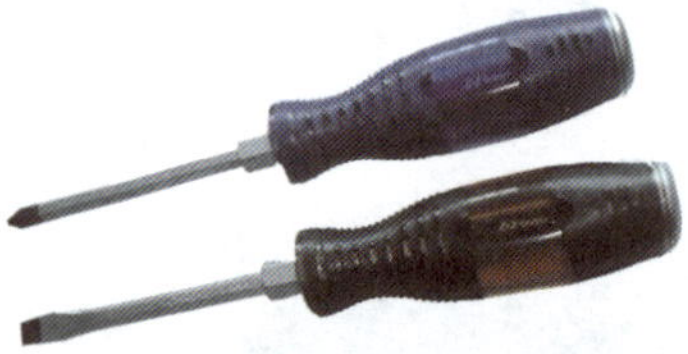	有一字旋具和十字旋具两种。一字旋具主要用于拆装一字槽口的螺钉，十字旋具专用于拆装十字槽口的螺钉
4. 呆扳手	 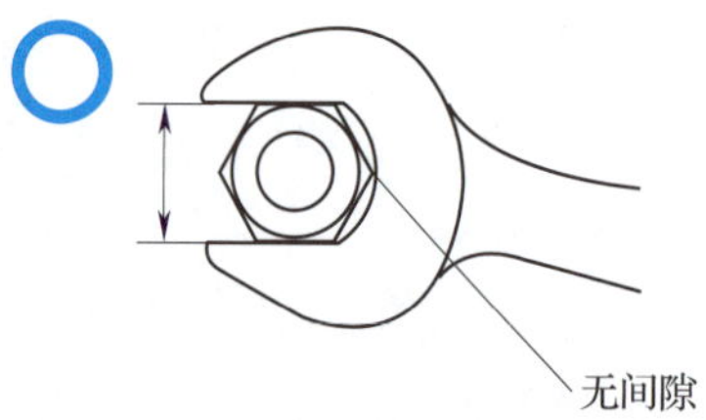	主要用于拆装一般标准规格的螺栓或螺母。使用时可以上下套入或直接插入，具有使用方便的特点 操作注意事项： （1）确保工具的直径与螺栓/螺母的头部大小合适 （2）使工具与螺栓/螺母完全配合
5. 活扳手	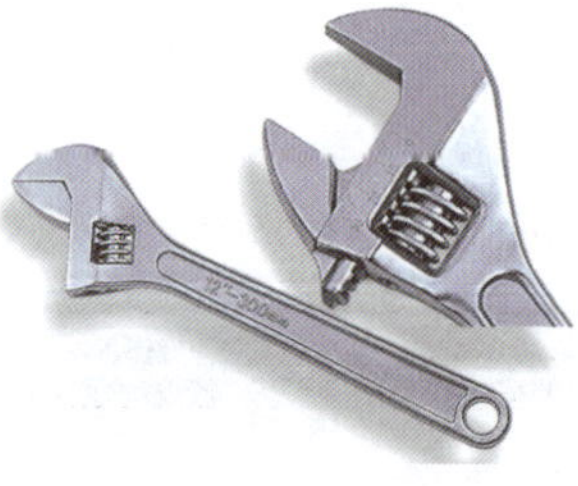	其开口端根据需要可以在一定范围内进行调节，主要用于拆装不规则的带有棱角的螺栓或螺母
		操作注意事项： 使调节钳口在旋转方向上来转动扳手。如果不用这种方法转动扳手，压力将作用在调节螺杆上，使其损坏

续表

名称	图示	说明
6. 手电钻		手电钻是以电为动力的手持式钻孔工具，电源电压一般分为 220 V 和 36 V 两种，其尺寸规格有 $\phi3.6\sim\phi13$ mm 若干种。它主要用于钻较薄的板料。使用手电钻时，应注意用电安全，同时在钻孔过程中应持牢手电钻

任务实施

1. 测量位置。	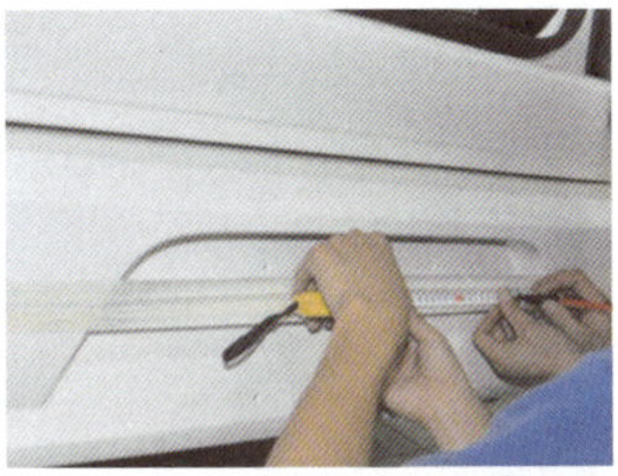
2. 在手电钻上装上专用的钻头，对准红色标记的中间，打上一个与雷达探头大小相同的圆孔。	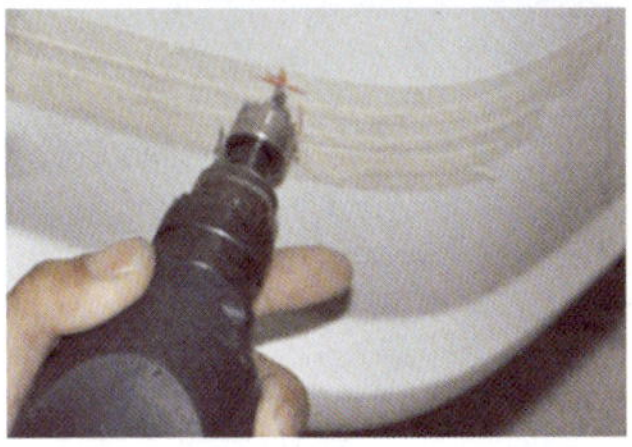
3. 将探头装在车上。因为是使用配套钻头打的孔，所以安装的时候只要将探头用力按进孔里即可。	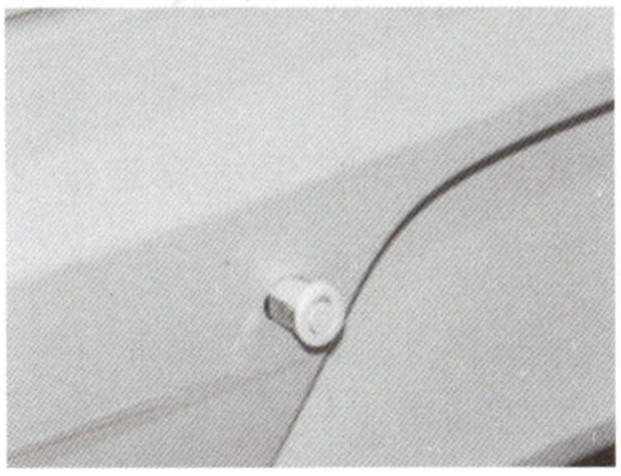
4. 将四个探头连接的线用防水胶布包在一起缠好，然后将线路及主机放在车尾箱内。	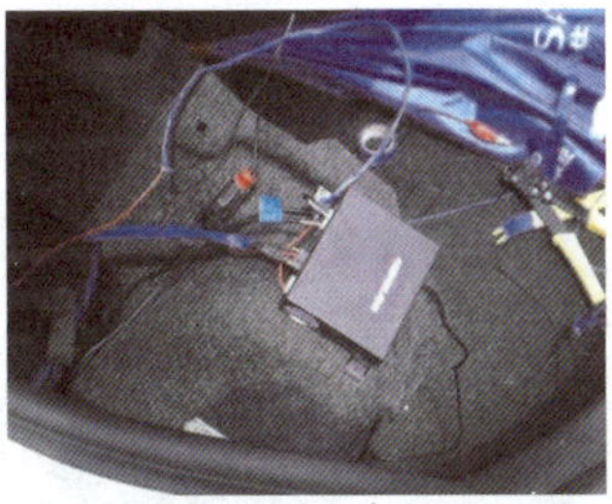

续表

5. 将雷达显示器安装在汽车的仪表台靠近驾驶座的角落上，然后将线路顺着车门走线到尾箱，准备连接倒车雷达的主机。	
6. 走好线，将探头、显示器的线路一一接上倒车雷达主机，然后再将散乱的线路整理好。	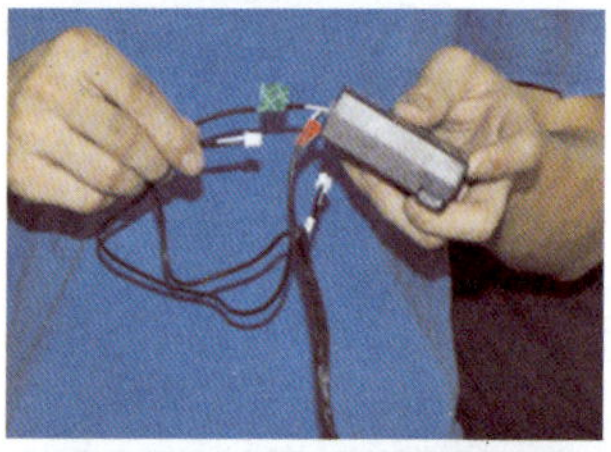
7. 将倒车雷达的主机用双面胶粘贴于车尾箱壁上，然后用车尾箱上的垫子遮盖起来。	
8. 安装好倒车雷达，当车后有障碍物的时候显示器显示障碍物的距离及方位，同时语音报距，让车主知道车后的情况，安全轻松地完成倒车。	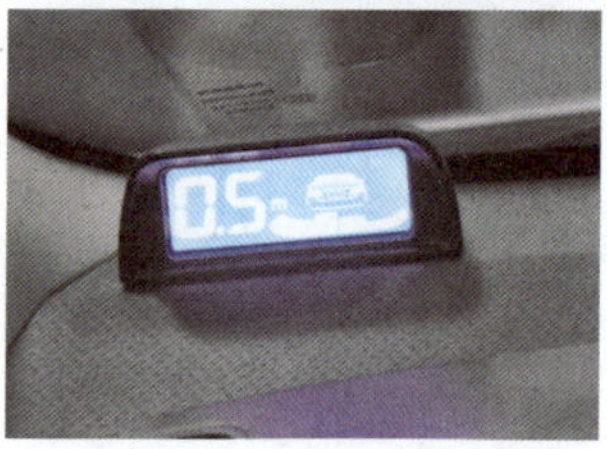

9. 倒车雷达的性能测试。

对安装完成的倒车雷达可进行一些基本测试来确认其质量及安装是否到位，分别就距离、防水、有效范围三个方面进行测试。

(1) 距离测试　用尺子去测量车尾与障碍物的距离，与倒车雷达显示的数据应基本一致，误差在3 cm内为佳。

(2) 防水测试　用水去冲探头，其功能应不受水的影响。

(3) 有效范围测试　可以将障碍物通过不同角度切入探头的测试范围，一个探头的正常探测范围的夹角应为90°。

课题 2　防盗器的安装

学习目标

1. 了解防盗器的种类及工作原理。
2. 能够正确选择防盗器。
3. 能够正确安装防盗器。

任务准备

一、防盗器的分类

目前，防盗器按其结构分为机械式、电子式和网络式三种。

机械式防盗器的特点是防盗性能稳定、价格便宜，但不报警。转向盘锁和变速挡锁等基本属于机械式防盗器。它们主要是靠锁定离合器踏板、制动踏板、加速踏板、转向盘、变速挡杆来达到防盗的目的。

电子式防盗报警器（也称微电脑汽车防盗器）是目前使用最广泛的防盗器，包括插片式、按键式和遥控式等。它主要是靠锁定点火或启动来达到防盗的目的，同时具有声音报警功能。该类防盗器安装隐蔽，功能齐全，无线遥控，操作简便，但需要靠良好的安装技术和完善的售后服务来保证。由于电子防盗报警器的使用频率普遍被限定在 300～350 MHz 的业余无线电频段上，而这个频段的无线电干扰源较多，电波、雷电、工业电焊等都会干扰它而产生误报警。

网络式防盗系统分为卫星定位跟踪系统（简称 GPS）和利用车载台（对讲机）通过中央控制中心定位监控系统。卫星定位跟踪系统主要靠锁定点火或起动来达到防盗的目的，同时还可通过卫星定位系统（或其他网络系统）将报警信息和报警车辆所在位置无声地传送到报警中心。这种防盗系统在技术上是可靠的，但效果不尽人意。原因是系统要构成网络，消除盲区要靠政府的支持，以及完善的配套设施等。

二、遥控式汽车防盗器

01 特点

遥控式汽车防盗器是市场上推广普及最为广泛的一种防盗器。它的特点是遥控控制防盗器的全部功能，可靠方便，可带有振动侦测、门控保护及微波或红外探头等功能。随着市场对防盗器要求的不断提高，遥控式汽车防盗器还增加了附加功能，如遥控中控门锁、遥控送放冷暖风、遥控电动门窗及遥控开启行李箱等。

02 主要配置

一套完整的遥控式汽车防盗器应由下面几部分组成：

(1) 主机部分：它是防盗器的核心和控制中心。

(2) 感应侦测部分：由感应器或探头组成，目前普遍使用的是振荡感应器，微波及红外探头应用较少。

(3) 门控部分：包括前盖开关、门开关及行李箱开关等。

(4) 报警部分：喇叭。

(5) 配线部分。

(6) 其他部分：包括不干胶、螺钉及继电器等配件，使用说明书及安装配线图等。

三、汽车防盗器的选用

01 根据实际需要选用

目前，汽车防盗器种类繁多，价格相差甚远，选用时就依据汽车的档次、使用环境、个人习惯及功能需要等因素选择适宜的防盗器。应选择可靠性好、使用寿命长、操作简便的汽车防盗器品牌。

02 选择通过检测的产品

选购时应注意产品是否通过公安部的检测（须经过公安部安全与警用电子产品质量检测中心检测达到我国标准的产品，检测有效期为4年）及行业“3C”认证。

03 根据产品售后服务选用

考察产品是否有质量保证，有无过硬的安装技术服务，所安装防盗器对原车电路的改动有多大（过大会带来故障隐患）。

04 专用型与通用型的选用

有些市场拥有量大的轿车依据车本身的电路特点已经开发出配套的专用型防盗器，对原车电路改动极少或影响不大，但价位稍高。而通用型防盗器则适宜各种车型，但与各种车型的匹配不佳，改动量大，但价格较低。

四、防盗器的安装

01 安装标准

为了确保所安装的汽车防盗器发挥应有的防范性能，实现防盗器安装工作的专业化、规范化，我国于 2000 年开始制定关于车辆防盗报警器材安装的公共行业标准《车辆防盗报警器材安装规范》(GA 366—2001)，并于 2001 年发布并实施。

02 安装原则

(1) 详细阅读产品说明书。

(2) 认真阅读产品配线图。

(3) 判断产品各零部件接口方式和位置。

(4) 保证连接牢靠、绝缘性能优良。

(5) 安装完毕后进行功能检测。

03 准备工作

(1) 防盗器安装前检查原车电路

1) 中控锁电路：用原车钥匙（或中控锁开关）开启/关闭左前车门，观察所有车门是否在同一时间内开启/关闭，目的是防止原车各门锁电路或机械结构出现故障。若原车无中控门锁则应先安装中控门锁再安装防盗器。

2) 车门开关：分别打开各车门，检查所有车门检测开关是否接触正常，观察分别打开车门时，车顶灯是否正常亮。目前大多车型顶灯带有延时熄灭功能，检查时须等顶灯熄灭后，再依次打开其他车门。检查门开关是否存在损坏、漏电、接触不良等现象，防止安装防盗器后出现误报警。

3) 启动电路：用车钥匙旋转到 ON 位置，观察仪表盘内各指示灯亮情况（如气囊、ABS、蓄电池、发动机等故障灯）。然后正常启动车辆，观察各指示灯熄灭情况有无异常。避免车辆安装防盗后出现异常时与车主发生纠纷。

4) 转向灯电路：钥匙转至 ON 位置，分别打开左右转向灯开关，观察左右转向灯闪烁频率（速度）是否一样。打开紧急双闪灯开关也可对转向灯电路进行检查。

(2) 依据车型确定防盗器与中控门锁配线的触发方式

触发方式主要有三种类型：正触发、负触发、正负触发。常见的如通用、丰田、三菱等系列车型，主要采用负触发方式。在与防盗器中控锁配线连接中，先确认原车中控的触发方式。最好与原车信号对接，尽量少采用正电回路接法。

名词解释

1. 负触发：用测试笔一端夹搭铁，另一端触试中控锁的两条控制线，中控锁若工作，就是负触发。

2. 正触发：用测试笔一端夹正极（电源），另一端触试中控锁的两条控制线，中控锁若工作，就是正触发。

3. 正负触发：若用上述两种方法去判断中控锁都工作，就是正负触发。

4. 正电回路：用防盗器控制主门马达的运动来完成对整个中控系统的控制。

04 安装工具与工艺

（1）安装时需要正确使用工具。工具包括不同规格的十字旋具、剥线钳、内六角扳手、剪钳等。

（2）正确拆装车辆装饰板、车门及仪表盘（需要时）。

（3）正确剥线、接线和缠线。

（4）正确使用试电笔和万用表等仪器、仪表。

05 功能测试

（1）防盗器主机所有配线连接完成后，先进行调试，然后装上装饰板。检查各配线插头是否与主机插座接触紧固，有无松动现象。将车钥匙旋到 ON 位置，踏制动踏板时，中控锁应自动上锁，车钥匙旋到 OFF 时，中控锁会开启，然后分别依次打开各车门时，转向灯应会双闪（部分型号防盗器钥匙在 ON 位置时打开车门，转向灯才会双闪）。

（2）关好所有车门，用遥控器设定防盗 10 s 后，震动车辆防盗器应立刻发出报警声音。震动感应器的灵敏度大小，可根据安装车型大小做适量调整。感应器在安装时，应粘贴在车体金属结构部位，否则会影响震动感应器的性能。

（3）应测试遥控和接收的距离。

操作提示

1. 电源负极线最好与原车接地连接，电源正极线应在其他配线连接好时，最后连接，所有配线一定要用绝缘胶布包扎牢固。主机天线位置与遥控距离有很大关系，一定要严格按说明书上要求进行安装，否则会影响遥控距离。报警喇叭安装时要远离发动机排气管高温处，以免高温损坏。为防喇叭进雨水，喇叭口应向下倾斜安装。

2. 车上接线的部位要包扎好，走线要井井有条，不要乱穿。

> 3. 需要强调的是在剪断 ON 线（启动线）时车钥匙要取掉，因为有的车是有带密码系统的，如果在车钥匙开启的状况下剪断 ON（启动线）或拔掉车上插头，此时车上的 ABS 指示灯或安全气囊指示灯会一直亮起，甚至有的车型无法启动或启动成功后 2 s 后自动熄火。

任务实施

现以铁将军 838 型汽车防盗器为例，介绍防盗器的安装过程。铁将军 838 主机右边共有五个电线插槽（A、B、C、D、E），共 20 个端子。A 插槽通过 6 根线与中控锁配线相连，本例采用的是负触发。

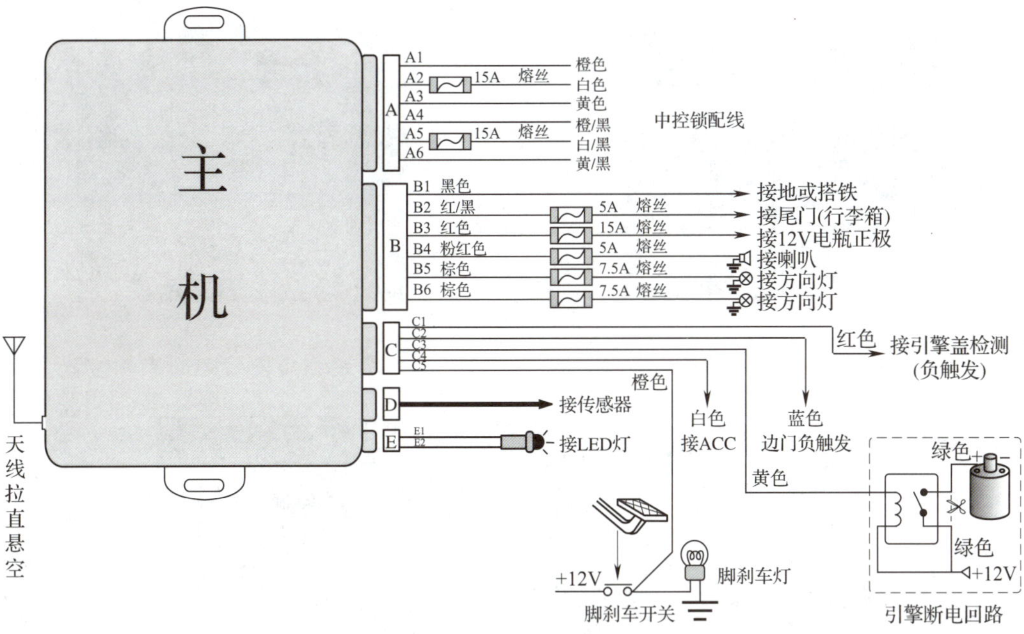

铁将军 838 型防盗器主机

1. 打开线路盒盖。

2. 用旋具将方向盘下方的电路控制盒盖上的螺钉拧下来。

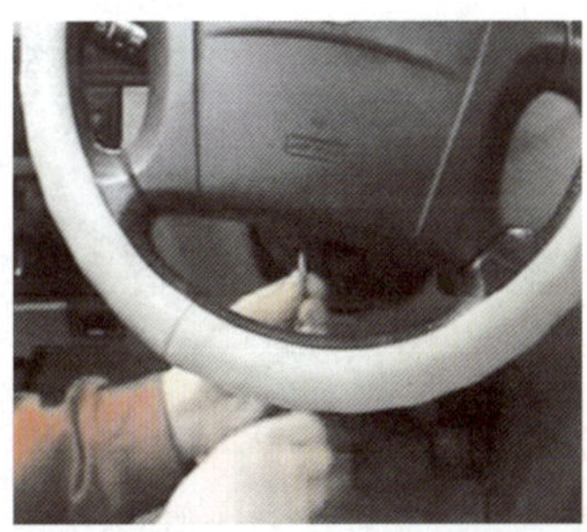

3. 取下盒盖，将防盗器线束穿进去。

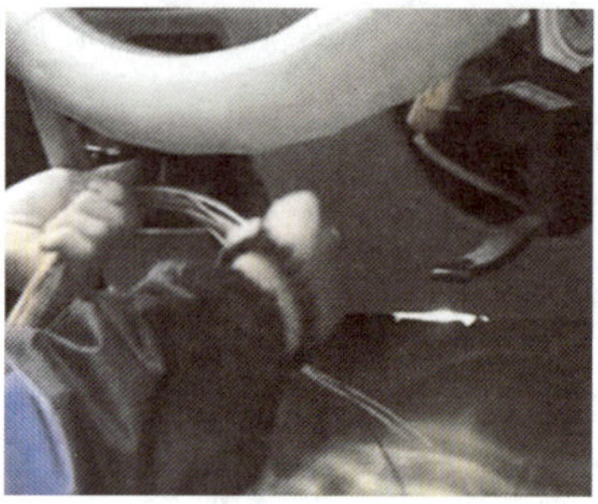

4. 插上电源控制线，再插上车锁控制线和附加功能线。

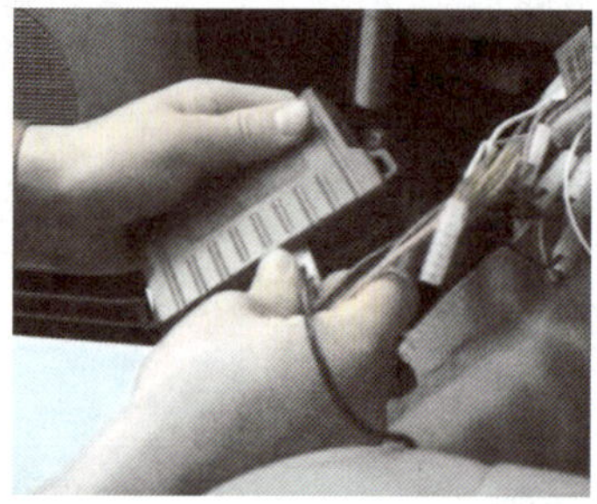

5. 将震动感应器安装在仪表盘内侧。

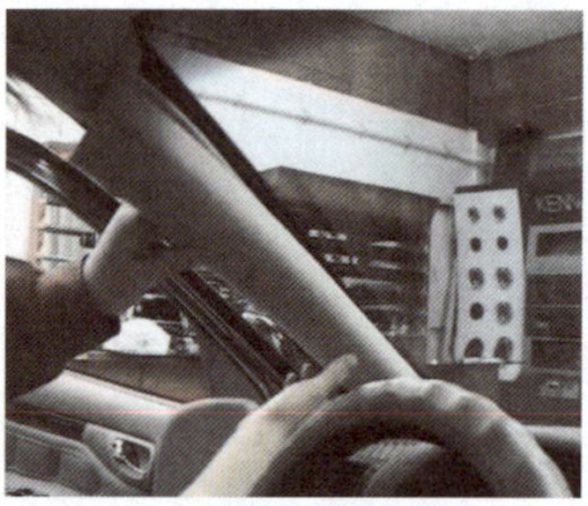

6. 安装好后将盖子扣好。

7. 取下 A 型柱装饰条，安装上防盗器警示灯，然后将装饰条安装回原来的位置。

8. 打开发动机盖。

9. 在适当的位置安装上防盗器喇叭。

10. 将线甩回去，连接到防盗器主机上。

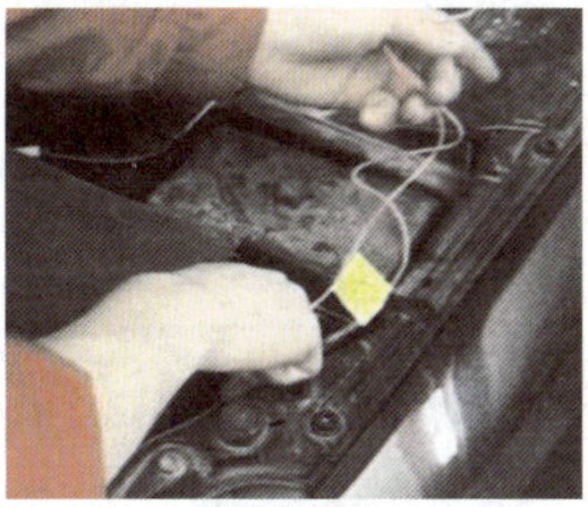

11. 放下发动机盖，将电路控制盒安装回原来的位置，这样防盗器就安装完毕。

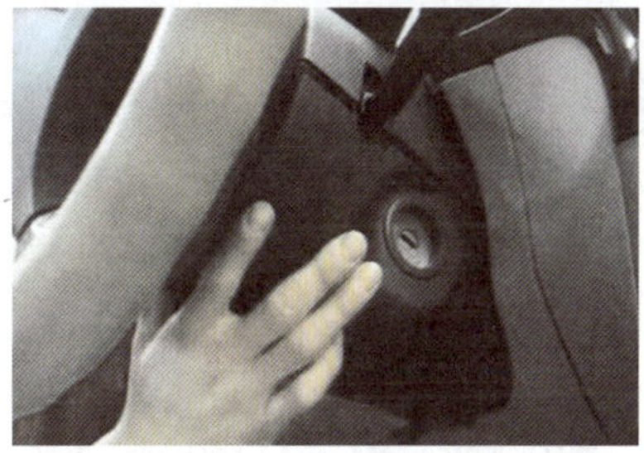

课题 3　GPS 导航仪的安装

学习目标

1. 了解汽车导航仪的组成及作用。
2. 能够正确安装导航仪。

任务准备

GPS 车辆应用系统一般分为两大类：车辆跟踪系统和车辆导航系统。它们在功能上截然不同，一种是用于车辆的防盗，一种则是用于车辆的自主导航。车载导航仪是通过接受卫星信号，配合电子地图数据，适时掌握车辆的方位与目的地，用户可以根据自己的需要有选择地购买地图数据。

GPS 导航系统内置的 GPS 天线可接收到全球 24 颗 GPS 卫星中的至少 3 颗所传递的数据信息，结合储存在车载导航仪内的电子地图，通过 GPS 卫星信号确定的位置坐标匹配，确定汽车在电子地图中的准确位置，这就是平常所说的定位功能。

在定位的基础上，可以通过多功能显视器，提供最佳行车路线，前方路况以及最近的加油站、饭店、旅馆等信息。假如 GPS 信号中断而迷了路，GPS 可记录行车路线，可以按原路返回。当然，这些功能都离不开已经事先编制好的导航软件。

GPS 导航仪由于具有导航、娱乐等多种功能，且安装方便，大方美观，价格也较合理，因而越来越受到车主的欢迎。

任务实施

实训 1　朗逸加装车载 DVD 导航仪

1. 原车内饰图。

2. 用撬板将原车中控台杂物盒取出。

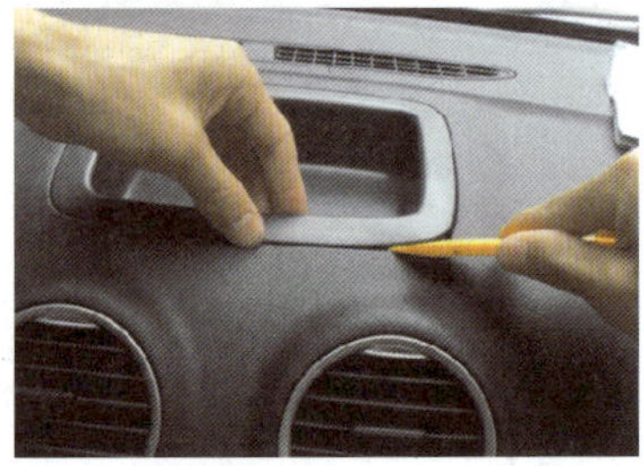

3. 用撬板撬开内饰板。

4. 依次卸下 4 个螺钉，将原车 CD 主机取下。

5. 取出 CD 线束。

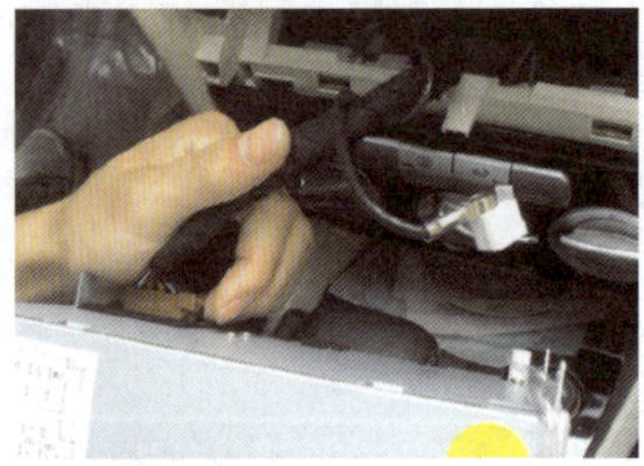

6. 线束安装，具体接线参照产品说明书。

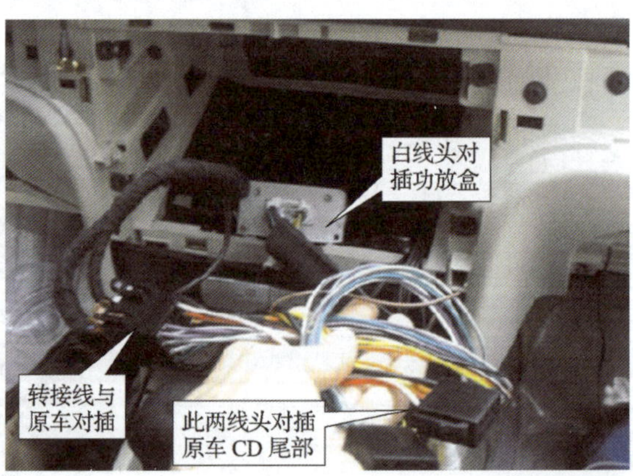

7．倒车后视和蓝牙麦克的接线。

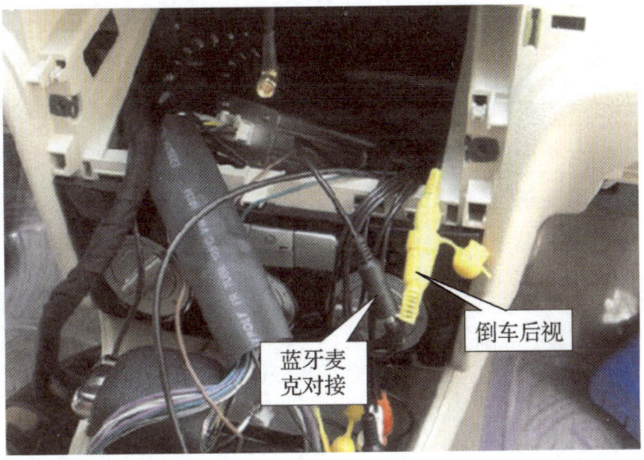

8．线束接好后，检查线束的安排。

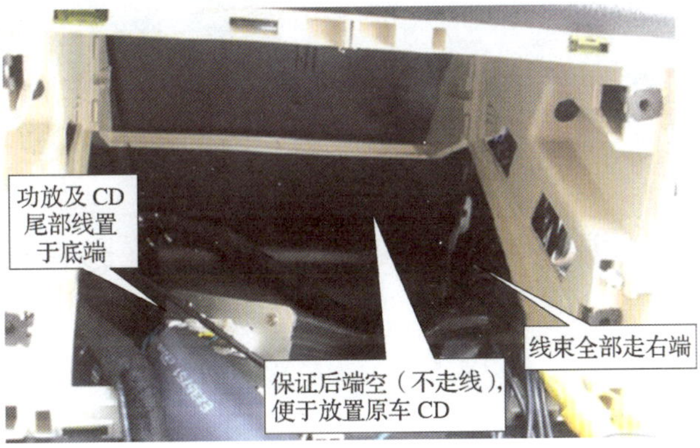

9．显示屏的线束安装。

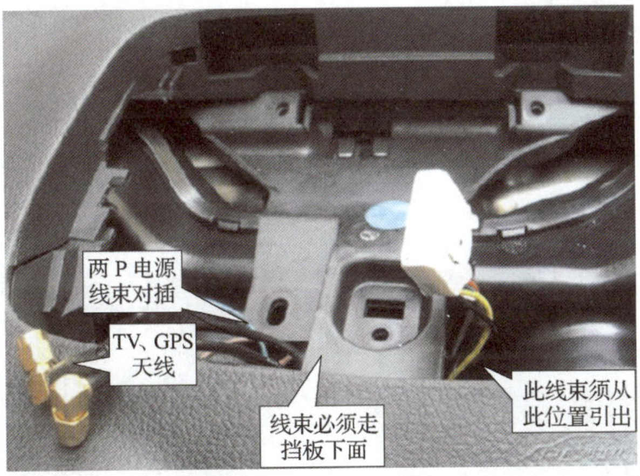

10．安装显示屏和原车 CD 主机，再装上原车中控台内饰板。

11．进行导航测试。

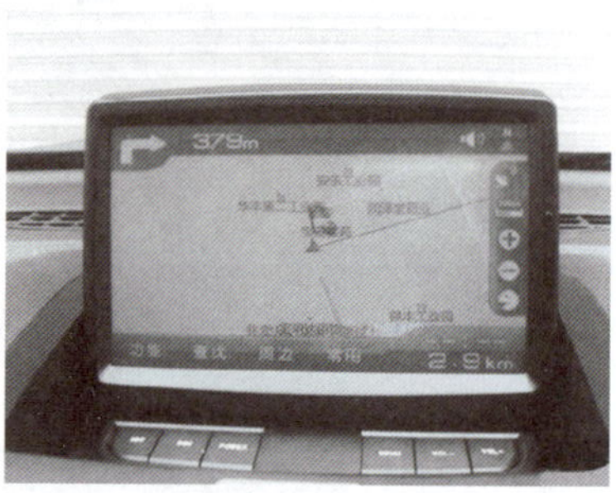

12．进行影音播放。

13．测试效果。

实训 2　2012 款福克斯加装专用 DVD 导航影音一体机（8 寸屏）十倒车可视系统

1．新装 DVD 导航面罩。

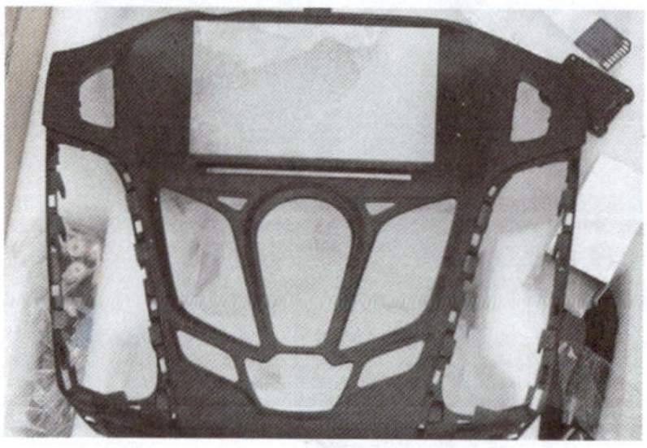

2．原车中控台。

3．先撬开面板下方的盖板。

4．拆掉螺钉。

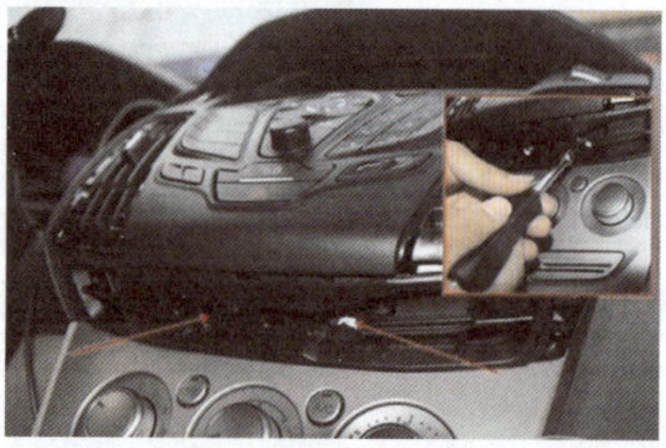

5. 双手托住面板，注意力度，将面板拆下。

6. 拆卸面板后的效果。

7. 拆卸 CD 主机与显示屏螺钉。

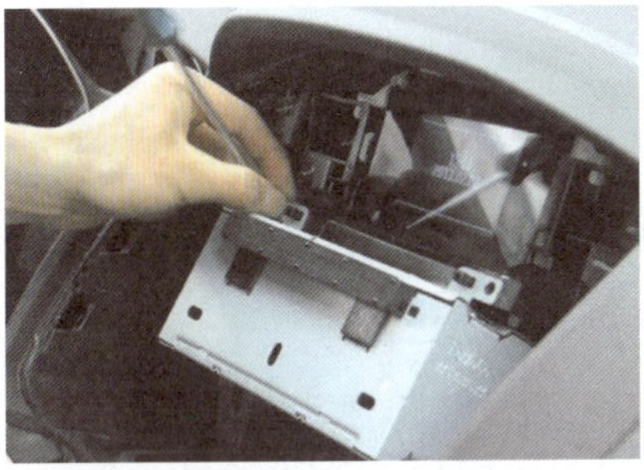

8. CD 主机取出来以后，连接的尾线要先拔掉。

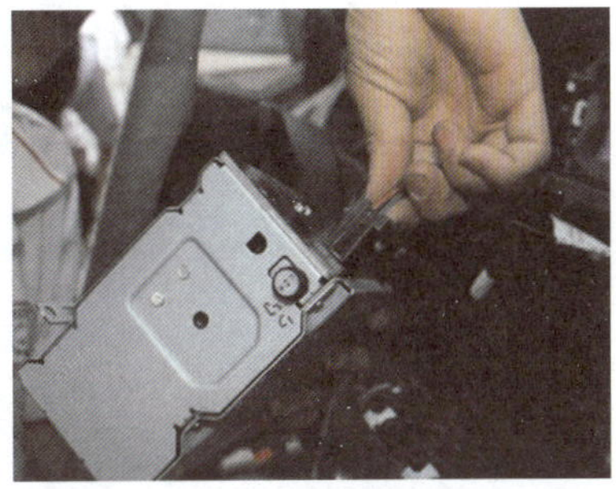

9. 取出的原车 CD 主机。

10. 拔掉原车显示屏后面的插头。

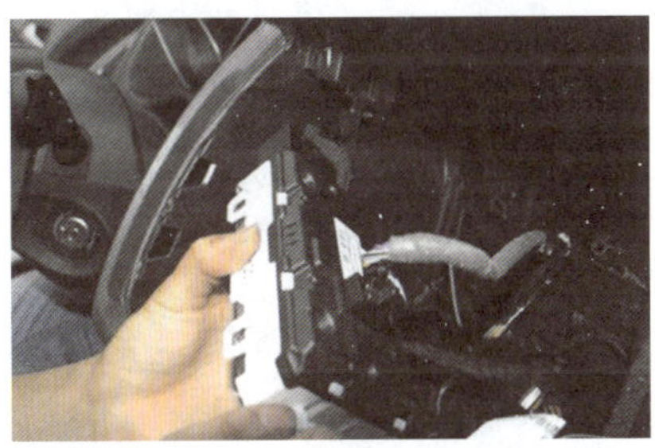

11. 整个面板已经被拆空，接下来开始安装 DVD 导航仪。

12. 拆卸右侧的这个部分。

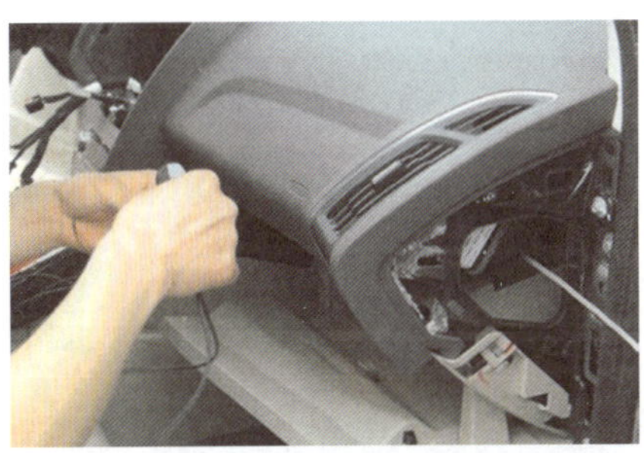

13. 线路要经过门边缘处橡胶，把线路隐藏在里面。

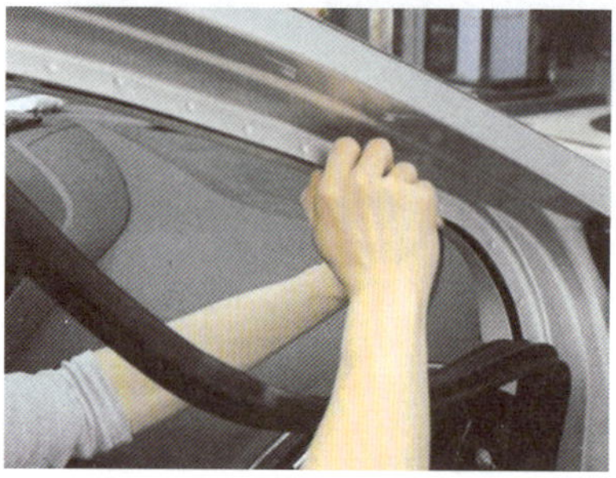

14. 布置倒车影像的线。

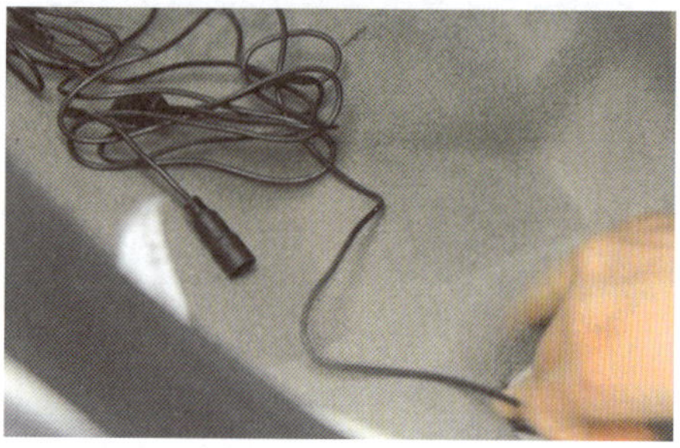

线路从储物箱里到座位一直到后备箱。

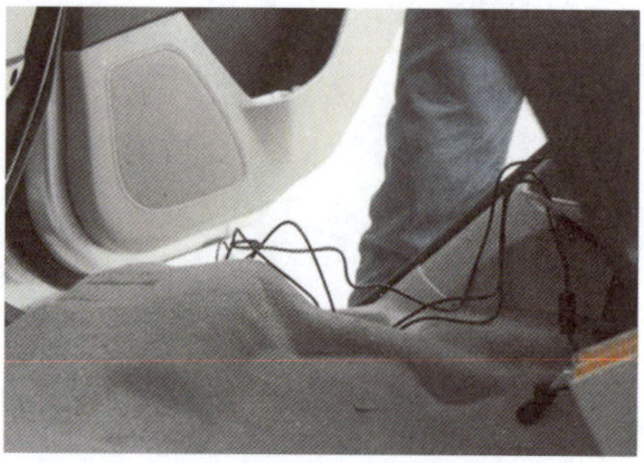

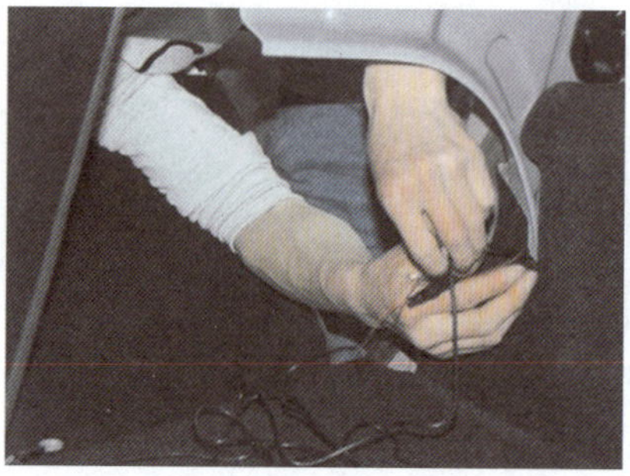

15. 安装倒车后视摄像头。

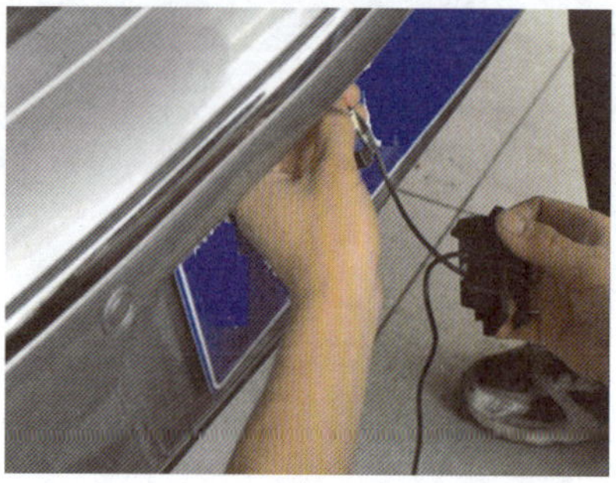

16. 安装主机。

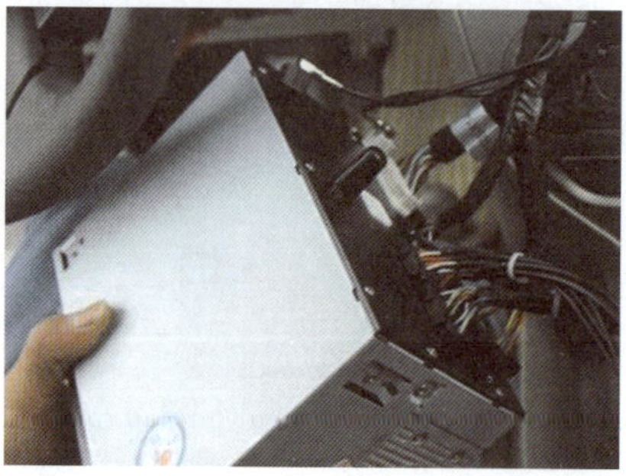

17. 安装显示屏。

18. 安装 DVD 导航面板。

19. 各插头检查完毕，准备安装。

20. 安装完毕后，开机测试效果。

21. 车载蓝牙功能测试。

22. 原车 USB 功能测试。

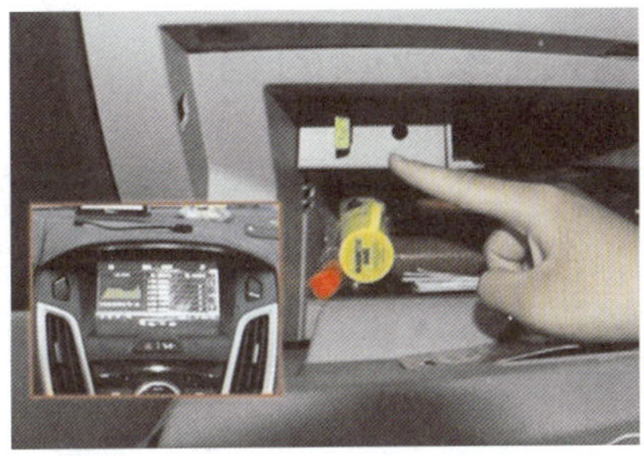

23. 倒车后影像功能测试。挂入倒挡，就会弹出该画面。

24. 地图导航功能测试，查看 3D 实景地图是否清晰。

25. 遥控器功能测试。

26. 收音机功能测试。

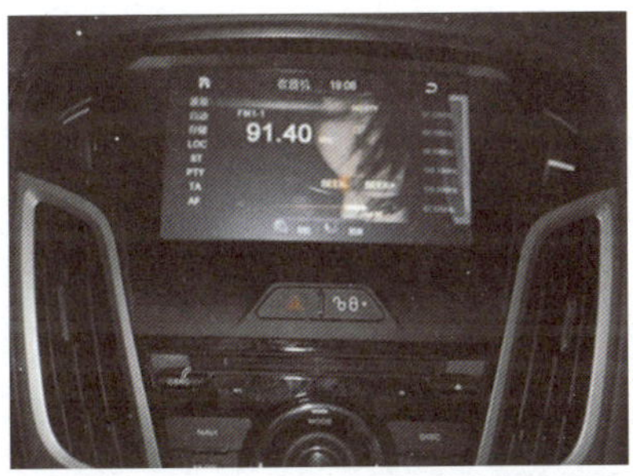

课题4 音响选装

学习目标

1. 了解汽车音响的组成、配置和选购原则。
2. 掌握汽车音响的安装方法。

任务准备

一、汽车音响的组成

汽车音响一般由主机、功放、扬声器及天线等部分组成。

01 主机

专业上称为“音源”，主要包括收音机、CD机或DVD机。

02 功放

功放的作用是将经过前级放大的音频信号进行功率放大，以驱动扬声器。功放是整套汽车音响中至关重要的部分，虽然大多数主机都内置功率放大器，但其功率和效果却无法与外置功放相提并论。

03 扬声器

在汽车音响中，扬声器作为声音的还原设备，是决定车厢内音响性能的重要部件。扬声器的口径大小、安装方法、布置位置是决定音响效果的重要因素。扬声器的种类有：

(1) 全频扬声器　功能是重放全频段的声音。

(2) 高音扬声器　功能是重放高频段的声音。

(3) 中音扬声器　功能是重放中频段的声音。

(4) 低音扬声器　功能是重放低频段的声音。

(5) 超低音扬声器　功能是对超低音进行重放。

04 天线

天线的作用是接受广播电台的无线电波，通过高频电缆向无线电调频装置传送。

05 其他设备及附件

声音处理设备包括均衡器、声音处理器、电子分频器等。附件包括电源分配器、熔断器、线材、接头等。

二、汽车音响的配置

1. 配置原则

01 系统协调原则

汽车音响系统的档次要与汽车档次相协调，即高档汽车应配置高档音响，中档汽车应配置中档音响，低档汽车应配置低档音响。

02 整体平衡原则

装饰汽车音响时一定要考虑一套音响各个组成部分的平衡，即主机、功放、扬声器和线材等都要进行恰当的选择。主机与扬声器的音质不匹配，主机功率或功放功率与扬声器功率不匹配，选择扬声器只看功率不看灵敏度，都属于不合理的搭配。

03 大功率输出原则

在一套音响系统中，主机或功放的输出功率一定要大，能够控制的音频线性范围越大，驱动扬声器的能力越强。小功率的功放容易引起声音失真，更会导致烧毁功放或者扬声器线圈。

04 音质自然重放原则

专业人士评判一套音响的优劣，是将其频响曲线的平滑性作为评价的主要参数。频响是表明系统再现音域范围的指标。

一般来说，衡量一套音响系统的好坏最直接的有效方法是亲耳试听，即以个人的听感为主，技术为辅。在听感方面，一是临场效果好，二是音乐整体平衡感强，三是对于移动的声音有较好的表现，要有层次感。

2. 配置方式

(1) 主机+4 个扬声器。这种配置能满足一般音乐欣赏的需要。

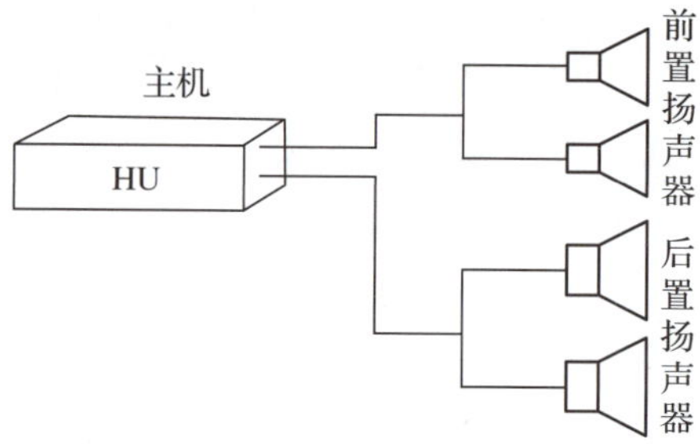

(2) 主机+1个4声道功放+4个扬声器。这种配置适合于欣赏传统音乐、流行歌曲、交响乐等。

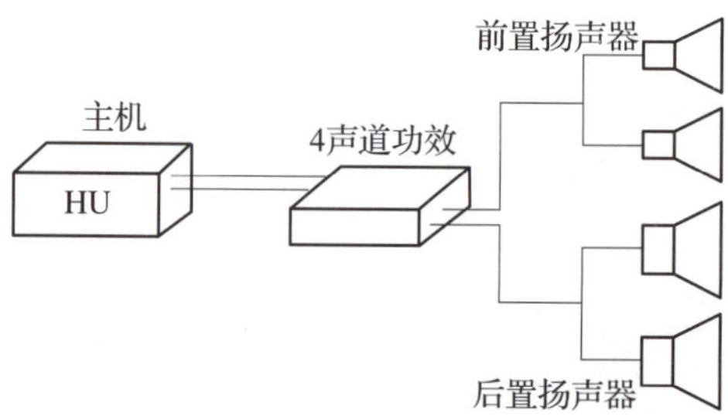

(3) 主机+1个4声道功放+1个2声道功放+4个扬声器+超低音 BASS。这种配置适合于欣赏爵士乐、摇滚乐。

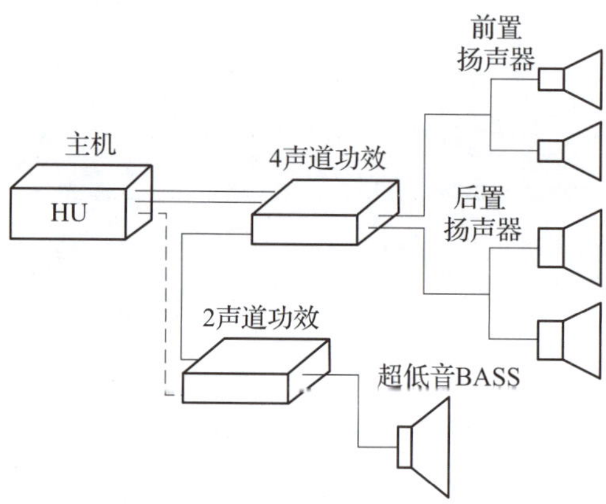

三、汽车音响选购

1. 主机的选购

01 规格

主机外型尺寸分 1DIN 和 2DIN 两种规格。欧洲车的尺寸为 ISO 标准尺寸（1DIN=长 185 mm×高 50 mm×宽 160 mm），又称为 DIN 尺寸（DIN 为德国工业标准的缩写）。这是目前市场上销售的汽车音响的标准尺寸，通用性极强。而日本车的尺寸一般为 2DIN

尺寸，高度是欧洲车的一倍，基本上可以与欧洲车通用，但有一些2DIN尺寸的特定产品则只能用于日本车。美国车的尺寸比较特别，与ISO标准相比，长度及宽度都略为放大，一般不能通用。国产汽车上虽然安装了简单的汽车收音机，但安装孔的尺寸大多符合标准。而一些内饰造型比较独特的轿车，音响安装孔为非标准尺寸，在这种情况下，就只能选用原厂的音响设备，用户自己改造的余地比较小。富康和奥迪A6两种车的中控台空位不是标准的DIN位设计，在安装主机时需要用特制的主机架才能装上。

02 音质

音质是选择音响最重要的一个因素，包含音区、音高、音色三方面。一般情况下，越高档的机型音质就越好。各个品牌之间的差别一般体现在音色方面，如有的清晰、温暖、甜阔，有的则冷静。因此，应该选择车主所喜欢音质的机型。

03 功能

由于汽车特定的聆听空间，对声场、音质都有一定的影响，为了解决这些问题，很多主机已有相应的功能设计，用户可根据需要进行调节。普通机型包括以下一些基本功能：

(1) 音调的调节　也就是平时常说的高、低音调节，低频的调节频率通常设定在45 Hz，高频的设定在12 kHz，调节的范围在±6 dB之间。

(2) 等响度的控制　通常当音量较小时，我们会发现高音、低音好像都没有了，整个声音没有层次感。这时只要按一下LOUND功能键，主机就会对高音、低音自动进行提升，输出丰满、清晰的声音。

(3) 预置均衡模式　主要针对不同的音乐设置不同的频率曲线，一般有摇滚（ROCK）、流行（POP）、爵士（JAZZ）、古典等，以此针对不同的声音频段进行适量的增强与调整。

(4) 环绕声均衡模式　这是追求现场效果的车主的必选功能，有运动场、录音室、大厅、教堂、舞厅等各种环绕效果。

(5) 声音定位处理　它可以把声音根据个人的需要进行定位，最理想的效果就是把声音定位在前挡风玻璃中间。

04

性能

一台主机的好坏，最直观的就是看它的技术指标，主要有以下几个方面：

（1）输出功率　现在的主机所标的功率绝大多数为音乐功率，在 40～60 W 之间，功率越大越好。

（2）频率响应　人耳所能听到的频率范围在 20 Hz～20 kHz，因此该指标最少要达到这个数值，而且越宽越好。

（3）信噪比　指的是音乐信号与噪声的比例，单位为分贝(dB)，该数值越大越好。一般高档的产品都在 100 dB 以上，声音干净、清晰度高。

（4）谐波失真　该指标体现声音再现的还原度，数值越小表示还原度越高。

2. 功放的选购

在汽车音响中需要一台大功率的放大器，因为汽车在行驶中噪声会随着车速的加快而不断提高。要想选择一台理想的功放，须从多方面考虑：功放的类别、功放的技术指标、功放与扬声器的搭配等。

3. 扬声器的选购

选择扬声器时应当首先考虑使用什么样的系统。如选择音乐品质型系统（播放古典乐、交响乐、轻音乐等），应选择音质清晰柔和的扬声器；如选择劲量型系统（播放迪斯科、摇滚乐等），应选择比较牢固和动态范围大的扬声器。从扬声器再现声音的选择粗略分析，美国品牌的特色多为节奏强劲有动感；欧洲品牌的风格相对细腻、纤巧；日本品牌兼而有之。

在选择扬声器时应考虑与主机功率相匹配。汽车前置扬声器最好选用套装（即高音、中低音分开），这样方便声场定位，因为高音有指向性，所以高音安装最佳位置应与人耳平行。后置扬声器尽量选择直径大、低音特性好的，这样整体声音才会显得饱满。

四、汽车音响安装

汽车音响安装不是一件简单的事情。三分器材七分装，汽车音响的安装是一门技术和艺术，要求技师对汽车电路和音响电路非常了解，不能因为安装音响而影响车的性能，也不能留下安全隐患。

01

器材搭配要风格统一

器材的搭配是安装音响的第一个环节。如果器材搭配不合理，安装的工艺再好也是无用功。

搭配的原则应该是从音响系统整体考虑，从音质、功率、灵敏度等方面综合选择。此外，依照车主喜好的音乐风格也是很重要的。主机、功放、扬声器都应按同一风格配置，用重视低音效果的器材欣赏古典音乐，难免贻笑大方。

02 选择线材要注意屏蔽

线材是安装音响系统的第二个环节。线材的好坏直接影响音质和安全。线材分为信号线、电源线和扬声器线，最好选用高抗氧化、高导电率，并且外皮包有PVC、PE、PP等材料的线材。

信号线考虑屏蔽，选用双层屏蔽线材，可增强抗干扰性，防止杂音进入。

电源线考虑传导性。汽车音响专用多芯铜线，不仅阻抗小，导电率高，而且线材的外皮都具有耐高温、高阻燃、抗老化的特性。线径过细的线材会发热造成热损耗，甚至会引发火灾。

扬声器线要考虑耐高低温、抗老化。线材宜选用钛金、镀银、无氧铜等材质，使用不同的线材，音质略有差异。

03 镀金保险防止短路

汽车音响是在颠簸震动、温度高、电流大的恶劣环境中工作的，如果电源线外皮被磨开或车辆发生碰撞造成车身短路，容易引发火灾。使用镀金保险座可以防止短路和氧化锈蚀，消灭潜在隐患。

04 布线工艺要协调美观

在安装汽车音响的过程中还要注意两个原则：一是走线不能影响原车线路，制作低音音箱不能破坏车体，器材要与原车整体布局和颜色协调美观。二是布线要躲开电脑和控制系统，避免因布线位置不合理，使车用电器与音响系统互相干扰。音响的电源一定要选择主干线或蓄电池，避免大电流造成火灾。

高档音响系统要对车辆进行吸音处理，并制作扬声器固定垫圈；需要打孔时也不能影响车的工作状况，防止引起火灾；低音音箱要根据扬声器单元所给出的数据，进行容积计算后按要求制作箱体。

05 定位调试要发挥潜能

安装音响系统的最后一步是调试。一些音响在改装后收音效果不好、声场错位、相位错误，都要在试音过程中校正。

要求音乐的原音还原尽量完美，应进行音量平衡定位，调整信号平衡、调谐尖峰失真、调整距离位置等，发挥器材的最大潜能，使所选配的器材达到最佳效果。

五、汽车音响的改装方法

一套高质量的汽车音响系统可以一步到位安装，也可以选择逐步升级安装。

01 一步到位法

当新车没有安装汽车音响系统或车主有充足的预算，可以一步到位，安装一套所需的高级汽车音响系统。

02 逐步升级法

（1）升级第一步　选择好自己所需求的喇叭和主机。该步最为关键，一旦选择了，以后的升级是以此为基础的，所以必须慎重考虑。选择喇叭时应考虑以下问题：

1）您喜欢听什么类型的音乐？

2）音质是喜欢硬朗的豪放型还是原汁原味的温暖型？

3）自己对音乐质量要求的程度怎样？

主机应选择质量较好、抗震能力强、音质纯度较高、样式美观的产品，输出功率略大一点为宜。改装后能使车主感到耳目一新的感觉。

（2）升级第二步　加重低音喇叭。一方面适应现代音乐超低频部分较大的要求；另一方面为弥补汽车飞驰时低频在听觉上的损失。安装后，聆听起来会觉得音乐内涵更丰富，更有力度感。

（3）升级第三步　由原机头内部功放推动前后置喇叭改为外加功放推动，提高音质。这一改装可大大提高效果，不但音乐表现得淋漓尽致，而且音乐气势更加磅礴。

任务实施

大众速腾音响改装雷贝琴

配置	品牌	型号	数量
主机	原车	—	一台
前声场喇叭	雷贝琴 Rebec	RV6A	一套
超低音喇叭	雷贝琴 Rebec	B612SQ	一套
喇叭功放	雷贝琴 Rebec	75A4	一台
超低音功放	雷贝琴 Rebec	800D1	一台
线材	雷歌	—	若干

1. 施工前先对车内做好保护。

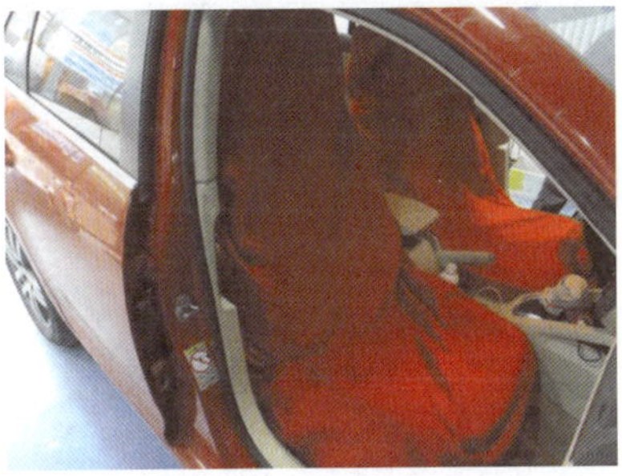

2. 拆卸门板。

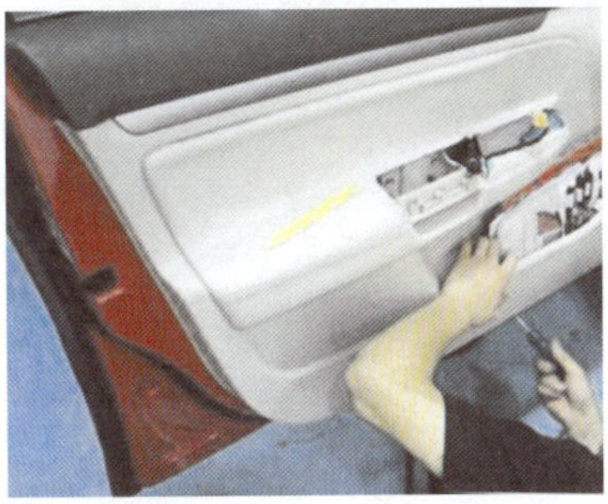

3. 拆下的附件都统一保存好。

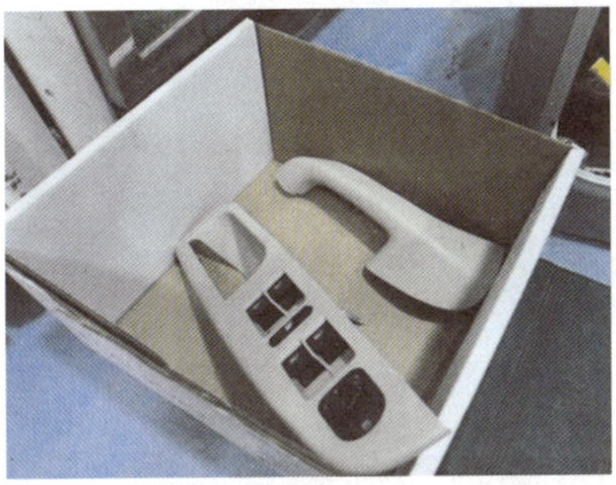

4. 取出门板。

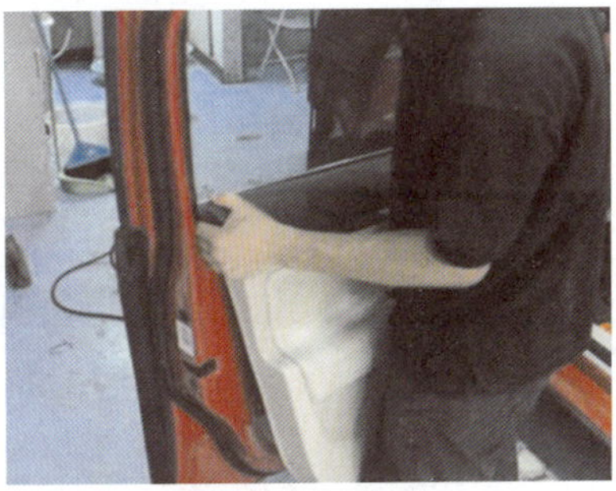

5. 拆下门板后可见原车车门是整体密封的，隔音效果不错。

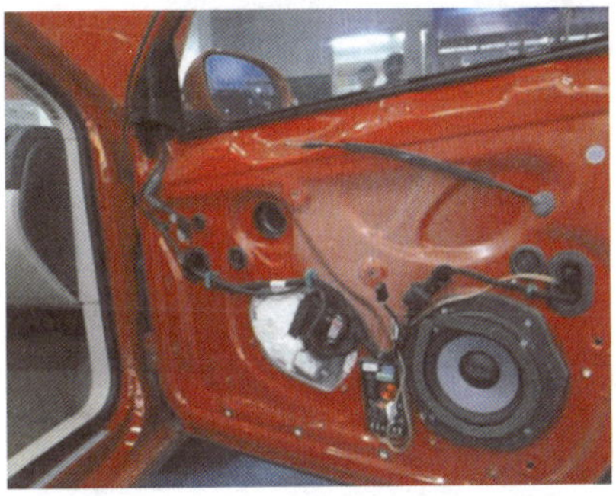

6. 如果整体隔音效果不好，可安装隔音止震板。

7. 加装吸音棉。

8. 雷贝琴 Rebec—RV6A 套装喇叭。

9. 布置线路。

10. 高音喇叭安装在原车高音位。

11. 喇叭的接线端保护很重要，都点上焊锡并套上热缩管，防止喇叭线松脱和喇叭搭铁。

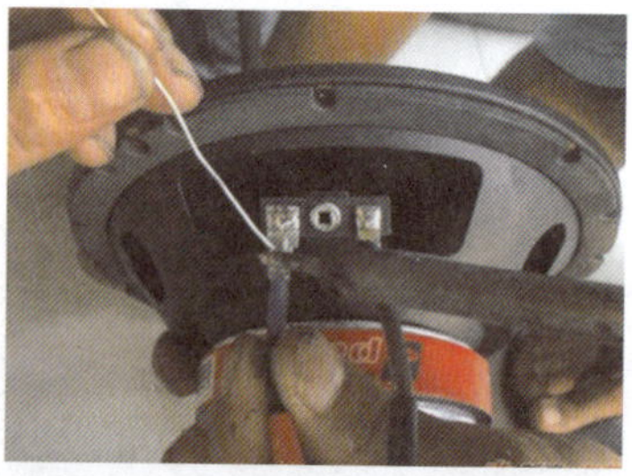

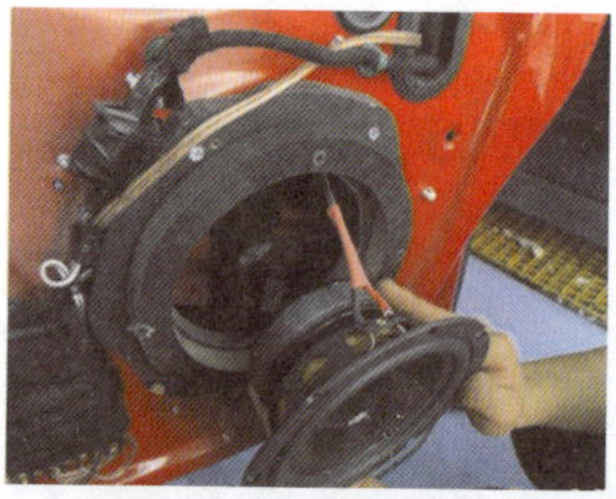

12. 雷贝琴 Rebec—RV6A 喇叭安装好的效果。

13. 高音喇叭安装位在原车玻璃三角位上。

14. 功放直接吊装在后平台下面，与铁皮接触面垫上一层止震和吸音棉。

15. 每条喇叭线都套上热缩管做保护，而且正负极分别用红和黑两种颜色表示，方便调节。

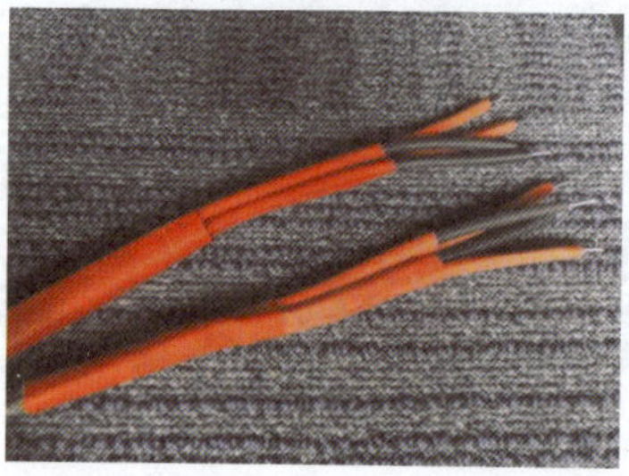

16. 电源线头焊上焊锡，防止氧化。

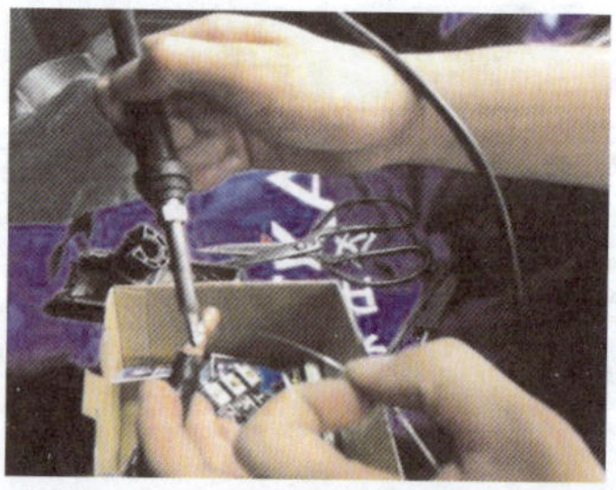

17．雷贝琴 Rebec—75A4 4 路功放，推前门套装喇叭和后门同轴喇叭。

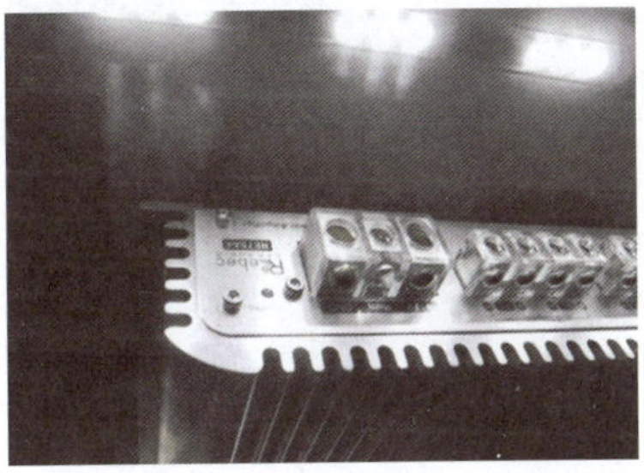

18．功放安装后的效果。

19．线路使用扎带固定好，防止摆动。

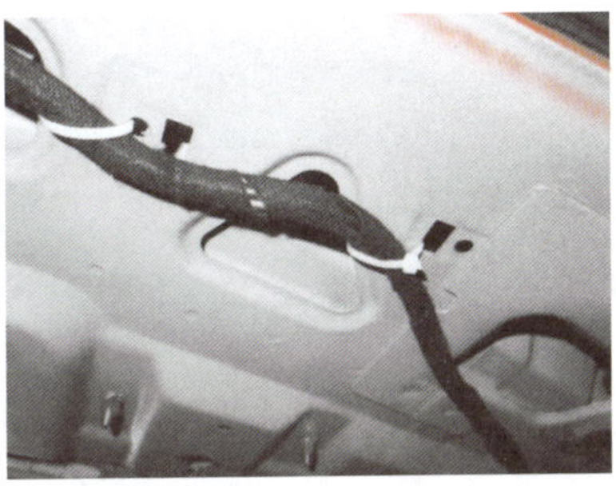

20．雷贝琴 Rebec—B612SQ 12 寸超低音喇叭放在尾箱。

21．启动主机进行音响系统测试。

22．使用音响专用仪器——相位仪测试喇叭相位。

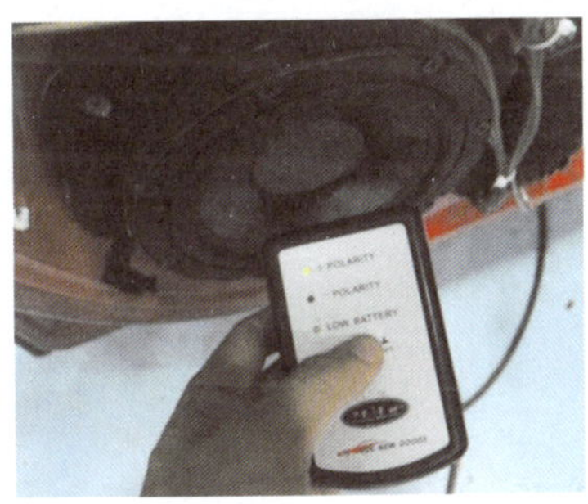

23．改装好的后尾箱整体效果。